手把手教你
鉴定·评估·交易
二手车

杨智勇　耿炎　朱尚功　主编

 化学工业出版社

·北京·

内 容 简 介

本书从初学者的角度，详细讲解了二手车基本知识、二手车基本信息核查、事故车的鉴定、二手车动态检查、水泡车的鉴定、火烧车与调表车的鉴定、二手车的拍照、二手车价格的评估、二手车的收购与销售 9 个方面的内容。

本书通俗、易懂、简明、实用，可供二手车从业人员学习使用，也可作为职业院校汽车类专业的培训教材，还可供学习二手车交易知识的人员自学参考。

图书在版编目（CIP）数据

手把手教你鉴定·评估·交易二手车／杨智勇，耿炎，朱尚功主编. —北京：化学工业出版社，2021.11（2024.11重印）
ISBN 978-7-122-40020-8

Ⅰ. ①手… Ⅱ. ①杨…②耿…③朱… Ⅲ. ①汽车-鉴定②汽车-价格评估③汽车-商品交易 Ⅳ. ①U472.9②F766

中国版本图书馆 CIP 数据核字（2021）第 198798 号

责任编辑：周　红　　　　　　　　文字编辑：袁　宁　陈小滔
责任校对：刘　颖　　　　　　　　装帧设计：王晓宇

出版发行：化学工业出版社（北京市东城区青年湖南街13号　邮政编码100011）
印　　装：北京瑞禾彩色印刷有限公司
850mm×1168mm　1/32　印张8　字数226千字
2024年11月北京第1版第6次印刷

购书咨询：010-64518888　　　　　　售后服务：010-64518899
网　　址：http://www.cip.com.cn
凡购买本书，如有缺损质量问题，本社销售中心负责调换。

定　　价：49.80元　　　　　　　　　　　　　版权所有　违者必究

前言

　　我国的汽车工业飞速发展，新车的生产与销售，加快了我国居民更换新车的步伐，二手车的交易量也得到了很大的提高。随着二手车产业的快速发展，与二手车相关的经营行为也不断更换，从实体的经销、拍卖、经纪、置换、鉴定评估，发展到网络经销及多功能网络服务平台等。这一庞大的二手车产业体系目前面临一个严重的瓶颈，即相关从业人才的匮乏。二手车的交易，需要二手车评估人员能够为交易双方提供一个合理的参考价格和技术服务保障。

　　本书从初学者的角度，讲解了二手车基本知识、二手车基本信息核查、事故车的鉴定、二手车动态检查、水泡车的鉴定、火烧车与调表车的鉴定、二手车的拍照、二手车价格的评估、二手车的收购与销售9个方面的知识。

　　在编写的过程中，本书采用图解的形式，把不易理解的二手车鉴定评估流程、操作方法，以图示化、图形化的直观形式展示出来，力求让读者特别是初学者能够更加直观、清楚地了解二手车鉴定评估过程；书中对重点知识内容配备了视频，读者可通过手机等移动终端扫描二维码观看，实现从抽象思维到形象思维的转变，提高阅读兴趣。

　　本书始终遵循《二手车鉴定评估技术规范》（GB/T 30323）规定的二手车鉴定评估流程与要求，详细阐明了二手车鉴定评估的全部工作内容，并且紧密结合二手车鉴定评估的实际工作情况，理论知识浅显易懂，实操技能叙述条理清晰。

　　本书图文并茂、通俗易懂，即使没有汽车专业知识的二手车鉴定评估爱好者也能看懂。本书集常识性、理论性和实用性于一体，可供二手车从业人员学习使用，也可作为职业院校汽车类专业的培训教材，还可供学习二手车交易知识的人员参考。

本书由杨智勇、耿炎、朱尚功担任主编，徐兵、梁大勇、许光君担任副主编。参加编写的还有韩伟、季成久、贾宏波等。

在编写过程中，我们参考并引用国内外一些汽车厂家的技术资料、有关出版物，在此对原作者、编译者表示衷心的感谢。

由于水平所限，不足之处在所难免，敬请读者批评指正。

编者

目录

第1章 二手车基本知识

1.1 了解二手车 ·· 001
  1.1.1 二手车的优点 ································ 001
  1.1.2 二手车鉴定评估基本术语 ················ 002
  1.1.3 二手车鉴定评估的简易流程 ············· 004
1.2 了解汽车基本知识 ·································· 006
  1.2.1 汽车总体结构 ································ 006
  1.2.2 汽车识别代码（VIN码） ················· 017
  1.2.3 汽车玻璃上的标识 ·························· 021
  1.2.4 汽车轮胎的标识 ····························· 024
  1.2.5 汽车强制报废标准 ·························· 027

第2章 二手车基本信息核查

2.1 二手车法定证件的核查 ···························· 030
  2.1.1 核查机动车来历证明 ······················· 031
  2.1.2 核查机动车行驶证 ·························· 034
  2.1.3 核查机动车登记证书 ······················· 037
  2.1.4 核查机动车号牌 ····························· 040
  2.1.5 核查道路运输证 ····························· 046

- 2.1.6 机动车检验合格标志……047
- 2.2 二手车税费与车主信息的核查……049
  - 2.2.1 二手车税费的核查……049
  - 2.2.2 车主信息的核查……052

第3章 事故车的鉴定

- 3.1 车身外观的检查……054
  - 3.1.1 保险杠的检查……056
  - 3.1.2 中网的检查……059
  - 3.1.3 发动机舱盖的检查……060
  - 3.1.4 翼子板的检查……061
  - 3.1.5 车门的检查……064
  - 3.1.6 车窗玻璃的检查……069
  - 3.1.7 轮胎的检查……071
- 3.2 车身漆面的检查……075
  - 3.2.1 漆膜表面质量的检查……075
  - 3.2.2 漆膜厚度检测仪的使用……083
  - 3.2.3 车辆外观件留漆痕迹的检查……089
- 3.3 车身配合间隙的检查……092
  - 3.3.1 车身配合间隙变化的特点……092
  - 3.3.2 车身前部间隙的检查……095
  - 3.3.3 车身中部(侧部)间隙的检查……095

- **3.3.4** 车身后部间隙的检查……096
- **3.3.5** 车身腰线的检查……097
- **3.4** 车身骨架的检查……098
  - **3.4.1** 车身骨架简介……098
  - **3.4.2** A柱的检查……100
  - **3.4.3** B柱的检查……103
  - **3.4.4** C柱的检查……107
  - **3.4.5** 前、后纵梁的检查……110
- **3.5** 车辆内饰的检查……116
  - **3.5.1** 车门内饰板的检查……117
  - **3.5.2** 转向盘磨损情况的检查……119
  - **3.5.3** 驾驶人座椅的检查……120
  - **3.5.4** 变速杆磨损情况的检查……121
  - **3.5.5** 踏板磨损情况的检查……121
  - **3.5.6** 安全带的检查……122
  - **3.5.7** 杂物箱的检查……124
  - **3.5.8** 车顶内饰的检查……125
- **3.6** 发动机舱的检查……125
  - **3.6.1** 发动机舱钣金件的检查……125
  - **3.6.2** 发动机使用情况的检查……133
- **3.7** 底盘的检查……142
- **3.8** 行李箱的检查……153
  - **3.8.1** 行李箱盖的检查……154
  - **3.8.2** 行李箱备胎箱及底板的检查……156

3.8.3 行李箱框架的检查 …………………………………… 159

3.8.4 后保险杠、后围板的检查 ……………………………… 160

第4章 二手车动态检查

4.1 发动机无负荷工况的检查……………………………… 163

4.2 二手车路试检查………………………………………… 168

4.3 二手车动态检查评估表………………………………… 173

第5章 水泡车的鉴定

5.1 水泡车的水损分析……………………………………… 174

  5.1.1 汽车水损因素 ……………………………………… 174

  5.1.2 水泡车的水损分析………………………………… 176

  5.1.3 水泡车的损失评估………………………………… 177

5.2 水泡车的鉴定…………………………………………… 178

  5.2.1 查看发动机舱鉴别水泡车 ………………………… 178

  5.2.2 查看内饰鉴别水泡车……………………………… 180

  5.2.3 查看行李箱鉴别水泡车…………………………… 184

  5.2.4 查看底盘鉴别水泡车……………………………… 185

  5.2.5 查看前后灯具鉴别水泡车………………………… 185

第6章 火烧车与调表车的鉴定

- **6.1** 火烧车的鉴定 …………………………………………… 187
  - **6.1.1** 汽车火灾的分类 ……………………………………… 187
  - **6.1.2** 火烧车的鉴定 ………………………………………… 189
- **6.2** 调表车的鉴定 …………………………………………… 194
  - **6.2.1** 查询维修保养记录、读取变速器ECU数据 ………… 195
  - **6.2.2** 查看内饰 ……………………………………………… 196
  - **6.2.3** 查看轮胎、制动盘 …………………………………… 199

第7章 二手车的拍照

- **7.1** 二手车拍照的技术要求 ………………………………… 201
- **7.2** 二手车拍照的一般要求 ………………………………… 202
- **7.3** 二手车拍照的一般拍摄位置 …………………………… 203
- **7.4** 二手车拍照的注意事项 ………………………………… 205

第8章 二手车价格的评估

- **8.1** 二手车价格评估的基本方法 …………………………… 206
  - **8.1.1** 重置成本法 …………………………………………… 206

  8.1.2 收益现值法……………………………………………… 207
  8.1.3 现行市价法……………………………………………… 208
  8.1.4 清算价格法……………………………………………… 210
  8.1.5 二手车评估方法的选择………………………………… 211
 8.2 二手车成新率的计算方法…………………………………… 212
  8.2.1 使用年限法……………………………………………… 212
  8.2.2 行驶里程法……………………………………………… 214
  8.2.3 部件鉴定法……………………………………………… 215
  8.2.4 整车观测法……………………………………………… 216
  8.2.5 综合分析法……………………………………………… 218
  8.2.6 综合成新率法…………………………………………… 222
  8.2.7 各种成新率计算方法的选择…………………………… 226
 8.3 二手车价格的计算评估……………………………………… 226
  8.3.1 应用重置成本法的评估………………………………… 226
  8.3.2 应用收益现值法的评估………………………………… 230
  8.3.3 应用现行市价法的评估………………………………… 232
  8.3.4 应用清算价格的评估…………………………………… 235

第 9 章　二手车的收购与销售

 9.1 二手车的收购………………………………………………… 237
  9.1.1 二手车收购定价影响因素……………………………… 237

9.1.2 二手车收购定价方法与收购价格的计算 …………… 238
9.2 二手车的销售 ………………………………………………… 240
9.2.1 二手车销售定价影响因素 ……………………………… 241
9.2.2 二手车销售定价的目标分析 …………………………… 241
9.2.3 二手车销售定价的方法分析 …………………………… 242
9.2.4 二手车销售定价的策略分析 …………………………… 242
9.2.5 二手车销售最终价格的确定 …………………………… 243

参考文献 ……………………………………………………………… 244

资源目录

漆面流挂的检查 /59
翼子板螺钉的检查 /63
车身缝隙的检查 /65
车门接缝处的检查 /65
门边胶条的拆卸 /66
A柱的检查 /68
玻璃生产日期的检查 /69
漆膜仪的校准 /83
用漆膜仪检测车门漆面 /86
局部喷漆的遮盖 /89
保险杠喷漆的检查 /90
玻璃压条留漆痕迹的检查 /91
车身骨架 /98
C柱的检查 /108
前纵梁吸能盒的检查 /111
车门内饰的检查 /117
转向盘磨损情况的检查 /119
座椅的检查 /120
减振器座胶体的检查 /132
发动机舱清洁度的检查 /133
半轴防尘套的检查 /149
悬架摆臂橡胶支座的检查 /150
后保险杠的检查 /160
水泡车 /175

第 1 章 二手车基本知识

1.1 了解二手车

1.1.1 二手车的优点

二手车的优点如表 1-1 所示。

表 1-1 二手车的优点

优点	分析
便宜	二手车最大的优点就是便宜。不同年份的二手车价格仅相当于新车的三分之一到二分之一,甚至更少。而且,由于新车头两年折旧率比较高,买二手车避开了汽车的快速折旧期,所以还具有相对保值的优势。此外,某些特定年代和车型的二手车还具有收藏的价值
适合初学驾驶者	初学驾驶者,刚拿了驾照但技术不过硬,也不妨先买台二手车练练手

续表

优点	分析
适合汽车发烧友	对于那些希望体验新鲜感觉的汽车发烧友们,二手车是不错的选择
降低购车成本	用相同购买新车的钱可以买到高一个档次的二手车,因此,从降低购车成本的角度,普通大众购买二手车不失为更加明智的选择

1.1.2 二手车鉴定评估基本术语

二手车鉴定评估基本术语如表1-2所示。

表1-2 二手车鉴定评估基本术语

基本术语	释义
二手车	二手车是指办理完注册登记手续,达到国家报废标准之前,进行交易并转移所有权的汽车(包括三轮汽车、低速载货车即原农用车)、挂车和摩托车。二手车的标准术语为旧机动车
二手车交易	二手车交易行为是指以二手车为交易对象,在国家规定的二手车交易市场或其他经合法审批的交易场所中进行的二手车的商品交换和产权交易
二手车经销	二手车经销是指二手车经销企业收购、销售二手车的经营活动
二手车拍卖	二手车拍卖是指二手车拍卖企业以公开竞价的形式将二手车转让给最高应价者的经营活动
二手车经纪	二手车经纪是指二手车经纪机构以收取佣金为目的,为促成他人交易二手车而从事居间、行纪或者代理等经营活动
二手车鉴定评估	二手车鉴定评估是指二手车鉴定评估机构对二手车技术状况及其价值进行鉴定评估的经营活动
二手车鉴定评估的主体	二手车鉴定评估的主体是指二手车评估业务的承担者,即从事二手车评估的机构及专业评估人员

续表

基本术语	释义
二手车鉴定评估的客体	二手车鉴定评估的客体是指被评估的车辆
二手车置换	狭义的置换就是"以旧换新"业务,即经销商通过二手商品的收购与新商品的对等销售获取利益。广义的置换则是指在以旧换新业务的基础上,还同时兼容二手商品的整新、跟踪、再销售乃至折抵、分期付款等项目的一系列业务组合,从而成为一种有机而独立运营的营销方式。由于可以推动新车销售,不同于以往二手车交易的是,二手车置换业务往往背靠汽车品牌专营店,其背后获得汽车制造厂商的强大技术支持,经销商为二手车的再销售提供一定程度上的质量担保,这大大降低了二手车交易中消费者的购买风险,规范了交易双方的交易行为,有很大的发展潜力
成新率	成新率是二手车新旧程度的衡量指标,是指二手车的功能或使用价值占全新机动车的功能或使用价值的比率,也可理解为二手车的现实状况与机动车全新状况的比率
折现率	折现率是指将未来有限期预期收益折算成现值的比率。本金化率和资本化率或还原利率则通常是指将未来无限期预期收益折算成现值的比率
贬值	二手车贬值根据性质不同分为:功能性贬值、经济性贬值、有形损耗贬值
功能性贬值	是由于技术进步引起的二手车功能相对落后而导致的贬值。这是一种无形损耗。功能性贬值可分为一次性功能贬值和营运性功能贬值
经济性贬值	是反映社会对各类产品综合的经济性贬值的大小,突出表现为供求关系的变化对市场价格的影响。二手车经济性贬值是指由于外部经济环境变化所造成的车辆贬值。它也是一种无形损耗
有形损耗贬值	也称实体性贬值,是指二手车在存放和使用过程中,由于物理和化学原因(如机件磨损、锈蚀和老化等)而导致的车辆实体发生的价值损耗,即由于自然力的作用而发生的损耗。计量二手车实体有形损耗时主要根据已使用年限进行分摊

续表

基本术语	释义
二手车的原值	即原始价值,是指车主在购置或以其他方式取得某类全新机动车时所发生的全部货币支出,包括买价、运杂费、车辆购置附加费、消费税、新车登记注册等所发生的费用
二手车的净值	二手车在使用的过程中逐渐磨损,其原始价值也随之减少而转入企业成本。企业提取的机械折旧额为折旧基金,用于车辆磨损的补偿。提取折旧后,剩余的机械净值称为二手车的净值,它在一定程度上反映了车辆现有价值
二手车的残值	二手车报废清理时回收的那些材料、废料的价值称残值,它体现二手车丧失生产能力以后的残体价值
评估值	是指遵循一定的计价标准和评估方法,重新确定的二手车现值

1.1.3 二手车鉴定评估的简易流程

二手车交易流程与传统的新车交易——选车、付款、提车、办理车务手续其实都差不多。简单地讲,二手车交易流程一般为验车、评估、签订二手车买卖协议、办理车务手续等,步骤具体解释如表1-3所示。

表1-3 二手车鉴定评估的简易流程

序号	流程	释义
1	验车	在二手车交易流程中,验车是极为重要的一个环节。除了对车辆车况本身的检查外,也不要忽视了对诸如"汽车违章""交强险"等的检查,以免在后续的过户中产生一些不必要的麻烦

续表

序号	流程	释义
2	评估	我国法律规定，二手车交易属于产权交易范围，需要到国家指定的交易中心进行。因此在验完车后就可以在二手车市场内找专业的评估师对车辆进行一次全面的评估，并根据车辆的使用年限（已使用年限）、行驶公里数、总体车况和事故记录等进行系统的勘察和评估，折算车辆的成新率，再按照该车的市场销售状况等，提出基本参考价格，通过计算机系统的运算，打印"车辆评估书"，由评估机构的评估师签章后生效，作为车辆交易的参考和依法纳税的依据之一。 当然，如果是在网上看到的二手车信息，也可以先通过网上的在线评估系统对车辆做一个估价，也能够在交易时做到心中有数
3	买卖交易	在车辆评估结束后，交易双方就可以到交易市场内的过户大厅去办理交易手续，完成后交易市场会开具一个全国统一的二手车交易发票。 其中办理交易手续的材料包括：行驶证、登记证书、原始购车发票或上一次买卖交易的旧机动车发票、出售方车主身份证原件、购买方车主身份证原件及相关证明（暂住证、外籍人士居留证、军官证等）、交易车辆
4	过户	车辆过户又称为车辆的过户转移登记手续，即买方在取得了由交易市场开具的二手车交易发票后，就可以拿该发票去户口所在地辖区的主管车辆管理所或地区的车辆管理总所办理过户并取得新的行驶证、车牌的手续。 办理过户手续需要带的证件也比较多，包括：原行驶证、原登记证书、交易市场为本次交易开具的二手车交易发票、身份证原件及相关证明（暂住证、外籍人士居留证、军官证等）、过户车辆
5	税费变更	二手车交易基本结束，车拿到了，新的行驶证、车牌也都到手了，这个时候千万别忘了办理车辆税费变更登记手续。 车辆的税费变更登记手续往往是最容易被大家忽视的一个环节。税费变更的内容一般包括车辆购置税、车船使用税、车辆保险及各地区规定的其他税费。对以上这些税费进行的变更不但是保证交易双方合法权益的必要程序，也是保证车辆税费、保险等手续正常续缴的必要程序。这些手续办理的地点一般是各种税费、保险专门的征稽处及办理点

小提示

◆ 在办理完所有的手续之后，不要忘记将能够证明此次交易的重要手续复印留存。包括过户后的登记证书中记载过户事宜的一页和此次交易的交易发票。

二手车交易流程图如图 1-1 所示。

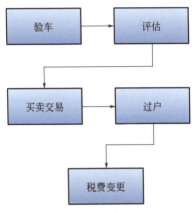

图 1-1　二手车交易流程图

1.2　了解汽车基本知识

1.2.1　汽车总体结构

汽车的类型虽然很多，但基本构造都是由发动机、底盘、车身和电气设备四大部分组成，如图 1-2 所示。

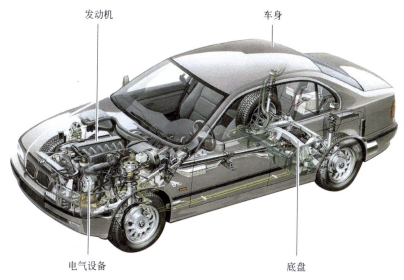

图 1-2　汽车的组成

（1）发动机

小提示

◆发动机是汽车的心脏，是由多个机构和系统组成的复杂机器。现代汽车发动机的结构形式很多，即使是同一类型的发动机，其具体结构也各不相同，但不论哪种类型的发动机，其基本结构都是相似的。

❶ 汽油机的总体构造。汽油机的剖视图如图 1-3 所示。汽油机主要由"两大机构、五大系统"组成。"两大机构"指曲柄连杆机构和配气机构，"五大系统"指燃料供给系统、冷却系统、润滑系统、点火系统和启动系统。汽油机的总体构造如表 1-4 所示。

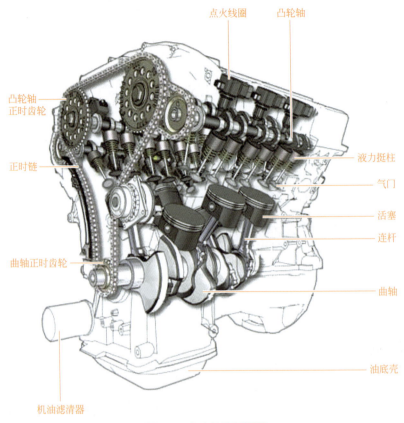

图 1-3 汽油机的剖视图

表 1-4 汽油机的总体构造

结构	功用	组成
曲柄连杆机构	是发动机实现热能与机械能相互转换的核心机构,其功用是将燃料燃烧所放出的热能通过活塞、连杆、曲轴等转变成能够驱动汽车行驶的机械能	主要由气缸体、气缸盖、活塞、连杆、曲轴和飞轮等机件组成

续表

结构	功用	组成
配气机构	根据发动机的工作需要，适时地打开进气通道或排气通道，以便使可燃混合气（燃料与空气的混合物）及时地进入气缸，或使废气及时地从气缸内排出；而在发动机不需要进气或排气时，则利用气门将进气通道或排气通道关闭，以便保持气缸密封	主要由气门、气门弹簧、凸轮轴、挺杆、凸轮轴传动机构等零部件组成
燃料供给系统	根据发动机的工作需要，配制出一定数量和浓度的可燃混合气并送入气缸	由空气供给系统、燃油供给系统和电子控制系统组成
点火系统	根据发动机的工作需要，及时地点燃气缸内的混合气	包括蓄电池、发电机、点火线圈、分电器（有些无分电器）、火花塞和电子控制系统等
冷却系统	帮助发动机散热，以保证发动机在最适宜的温度下工作	水冷式冷却系统通常由水套、水泵、散热器、风扇、节温器等组成；风冷式冷却系统主要由风扇、散热片组成
润滑系统	向做相对运动的零件表面输送清洁的润滑油，以减小摩擦和磨损，并对摩擦表面进行清洗和冷却	一般由机油泵、集滤器、限压阀、油道、机油滤清器等组成
启动系统	使发动机由静止状态进入到正常工作状态	包括起动机、启动继电器、点火开关、蓄电池等

❷ 柴油机的总体构造。四冲程水冷式柴油机由"两大机构、四大系统"组成。"两大机构"指曲柄连杆机构和配气机构，"四大系统"指燃料供给系统、冷却系统、润滑系统、启动系统。柴油机实物如图 1-4 所示。

图 1-4 柴油机实物

（2）底盘 汽车底盘由传动系、行驶系、转向系和制动系等四大系统组成，其功用为接收发动机的动力，使汽车运动并保证汽车能够按照驾驶员的操纵正常行驶。如图 1-5 所示为常见轿车的底盘结构图。

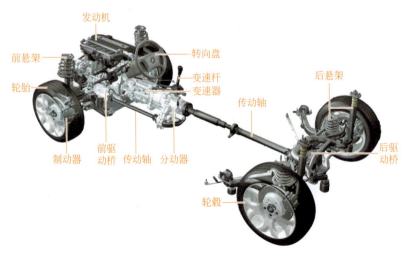

图 1-5 常见轿车的底盘结构图

❶ 传动系。

小提示

◆汽车传动系是指从发动机到驱动车轮之间所有动力传递装置的总称。传动系的功用是将发动机的动力传给驱动车轮。

汽车传动系一般是由离合器、手动变速器、万向传动装置（传动轴等）、驱动桥（主减速器等）等组成；而现在轿车中采用自动变速器的越来越多，即用自动变速器取代了离合器和手动变速器；如果是越野汽车（包括 SUV，即运动型多功能车），还应包括分动器。汽车传动系的组成如图 1-6 所示。

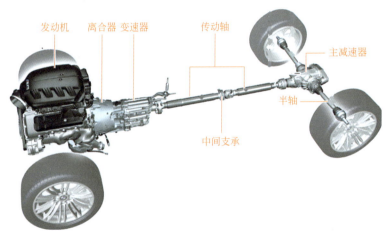

图 1-6　传动系的组成

❷ 行驶系。汽车行驶系的功用是支承、安装汽车的各零部件总成，传递和承受车上、车下各种载荷的作用，以保证汽车的正常行驶。行驶系主要由车架（车身）、车桥、悬架、车轮等组成，如图 1-7 所示。

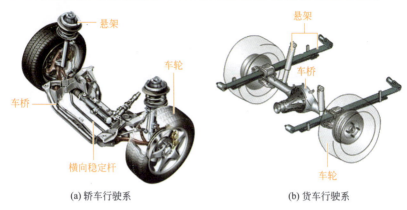

(a) 轿车行驶系　　　　　　　　(b) 货车行驶系

图 1-7　行驶系的组成

❸ 转向系。转向系的功用是保证汽车能够按照驾驶员选定的方向行驶，主要由转向操纵机构（包括转向盘、转向轴等）、转向器（带转向助力电机）、转向传动机构（包括转向横拉杆、转向节臂、转向节、转向轮等）组成，如图 1-8 所示。现在的汽车普遍采用动力转向装置。

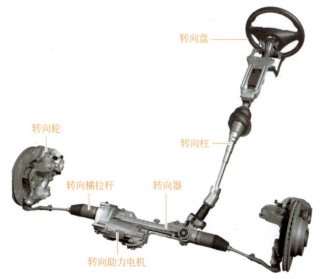

图 1-8　转向系的组成

❹ 制动系。制动系的功用是使汽车减速、停车并能保证可靠地驻停。汽车制动系一般包括行车制动系和驻车制动系等两套相互独立的制动系统,每套制动系统都包括制动器和制动传动机构。现在汽车的行车制动系都普遍配装有制动防抱死系统(ABS)。制动系基本组成示意图如图 1-9 所示。

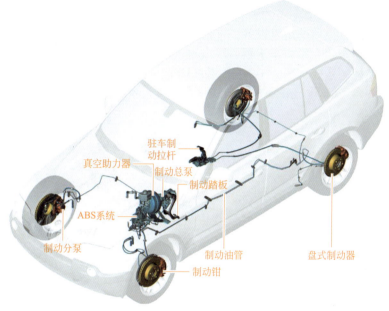

图 1-9　制动系基本组成示意图

（3）电气设备　汽车电气设备的功能是保证车辆在行驶过程中的可靠性、安全性和舒适性。

❶ 汽车电气设备的组成。汽车电气设备可分为以下几部分。

a. 电源系统。包括蓄电池、交流发电机及其调节器。

b. 启动系统。包括起动机、启动继电器等。

c. 点火系统。包括点火开关、点火线圈、分电器(多数车型已取消分电器)、电控单元(ECU)、信号发生器、点火控制器、火花塞、高压导线等。

d. 照明系统。包括前照灯、雾灯、牌照灯、顶灯、阅读灯、仪表板照明灯、行李箱灯、门灯、发动机舱照明灯等。

e. 仪表系统。包括车速里程表、燃油表、水温表、发动机转速表等。

f. 信号系统。包括音响信号和灯光信号装置（如制动信号灯、转向信号灯、倒车信号灯以及各种报警指示灯）等。

g. 空调系统。包括暖风、制冷与除湿装置等。

h. 其他辅助用电设备。包括电动玻璃升降器、中央控制门锁、电动后视镜、风窗刮水器、洗涤器、电喇叭、点烟器及电动天窗、巡航控制系统、安全气囊、电动座椅等。

❷ 汽车电气设备的布置。汽车电气设备的安装位置如图 1-10 所示。

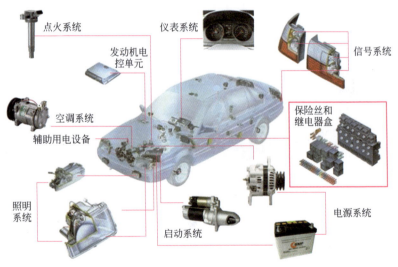

图 1-10　汽车电气设备位置图

❸ 汽车电气的特点。

a. 低压。汽车用电设备的额定电压有 12V、24V 两种。汽油车多采用 12V 电源电压，而大型柴油车多采用 24V 电源电压。

b. 直流。主要从蓄电池的充电来考虑。因为蓄电池充电时必须用直流电,所以汽车电源必须是直流电。

　　c. 单线制。汽车上所有用电设备都是并联的,电源到用电设备只用一根导线连接,而另一根导线则用汽车车体或发动机机体的金属部分代替,作为公共回路。这种连接方式称为单线制。

　　d. 负极搭铁。如图 1-11 所示,将蓄电池的负极接到汽车车体或发动机机体的金属部分,便称为"负极搭铁"。目前各国生产的汽车基本上都采用"负极搭铁"。

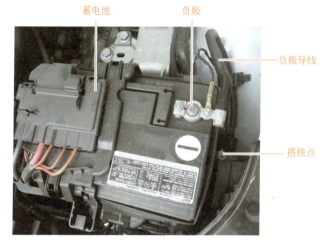

图 1-11　负极搭铁

　　(4) 车身　车身指的是车辆用来载人装货的部分,也指车辆整体。车身包括车身壳体、车窗、车门、驾驶舱、乘客舱、发动机舱和行李舱等,在货车和专用汽车上还包括车厢和其他装备。汽车车身按照功能可以大致分为两种部件——覆盖件和结构件,如图 1-12 所示。

　　按车身承载方式分类,车身结构分为非承载式车身(也称车架式车身)和承载式车身(又称为整体式车身)。现代轿车一般都为承载式车身。

　　图 1-13 所示为典型承载式车身,整个车身没有单独的车架,主要由 A 柱、B 柱、C 柱、纵梁、门槛等组成。

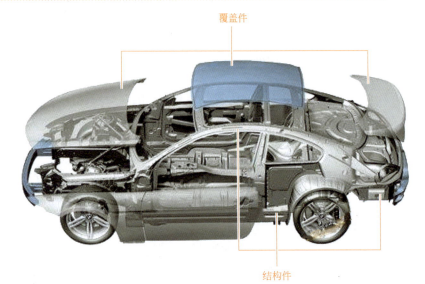

图 1-12　汽车车身

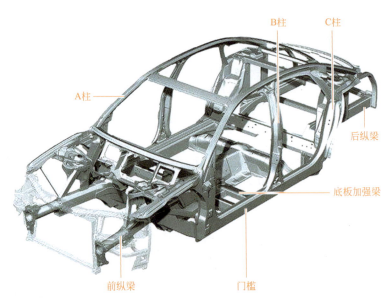

图 1-13　承载式车身

1.2.2　汽车识别代码（VIN 码）

（1）汽车识别代码的特点　汽车识别代码经过排列组合，可以使车型生产在 30 年之内不会发生重号现象，这很像我们的身份证不会产生重号一样，它具有对车辆的唯一识别性，因此又有人将其称为"汽车身份证"。汽车识别代码中含有车辆的制造厂家、生产年代、车型、车身形式、发动机以及其他装备的信息。

小提示

◆汽车识别代码（Vehicle Identification Number，缩写为 VIN，俗称 17 位代码，因为 VIN 一般为 17 位，也有称车架号）是汽车制造厂为了识别一辆汽车而规定的一组代码，它由一组数字（不用数字 0）和字母（不用字母 I、O、Q、U、Z）组成，共 17 位。

图 1-14 所示为机动车行驶证上的 VIN 码。

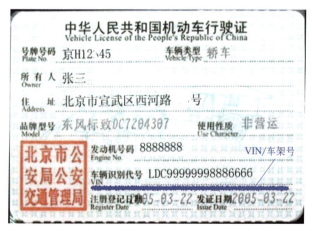

图 1-14　机动车行驶证 VIN 码

通过 VIN 码能够查询到该车的生产国别、制造公司或生产厂家、车的类型、品牌名称、车型系列、车身形式、发动机型号、车型年款、安全防护装置型号、检验数字、装配工厂名称和出厂顺序号码等。

广大车主无论是在购买新车还是二手车时，都应该注意查看一下 VIN 码，通过 VIN 码可以了解汽车的真实产地（对进口车尤其重要）、生产年限及内部的配置情况，防止上当受骗。

（2）汽车识别代码的位置　　VIN 码位于车辆的前半部分中易于看到且能防止磨损或替换的部位。VIN 码常见位置：仪表板左侧、前横梁、行李舱内、悬挂支架上、纵梁上、翼子板内侧、直接标注在车辆铭牌上，也可能固定在车辆门铰链柱、门锁柱或与门锁柱接合的门边之一的柱子上，接近于驾驶人员座位的地方；大型客车、货车则可能在整车底盘等地方。VIN 码的常见位置如图 1-15 所示。

(a) 常见位置

(b) 前挡风玻璃左下方(最常见的位置)

(c) 减振器上支座处(别克轿车)

(d) 散热器横梁上(别克GL8汽车)　　(e) 行李舱中(SAAB 9000轿车)

图 1-15　VIN 码的常见位置

（3）VIN 码的组成　　如图 1-16 所示，VIN 码的基本内容由世界制造厂识别代码（WMI）、车辆说明部分（VDS）和车辆指示部分（VIS）三个部分组成。

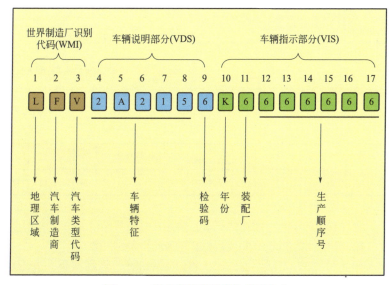

图 1-16　汽车识别代码的构成及含义

VIN 码中第 10 位，表示汽车生产年份，年份代码按表 1-5 规定对照使用。

表1-5　VIN码中第10位代码与年份对照表

年份	代码	年份	代码	年份	代码	年份	代码
1991	M	2001	1	2011	B	2021	M
1992	N	2002	2	2012	C	2022	N
1993	P	2003	3	2013	D	2023	P
1994	R	2004	4	2014	E	2024	R
1995	S	2005	5	2015	F	2025	S
1996	T	2006	6	2016	G	2026	T
1997	V	2007	7	2017	H	2027	V
1998	W	2008	8	2018	J	2028	W
1999	X	2009	9	2019	K	2029	X
2000	Y	2010	A	2020	L	2030	Y

（4）部分汽车品牌的VIN码编码规则　下面对常见车型的VIN码中各代码的含义做一个简单说明，有些位置代码的类型较多，这里仅举中国一汽集团车型加以说明。中国一汽集团VIN码代码含义如下：

L	F	P	H	5	A	B	A	2	M	8	0	0	4	3	2	1
(1)	(2)	(3)	(4)	(5)	(6)	(7)	(8)	(9)	(10)	(11)	(12)	(13)	(14)	(15)	(16)	(17)

第（1）位为生产国别代码。L表示中国。
第（2）位为制造厂商代码。F（First）表示一汽。
第（3）位为车型类型代码。P（Passenger）表示轿车。
第（4）位为车辆品牌代码。H表示红旗牌。
第（5）位为发动机排量代码。5表示2.1～2.5L。
第（6）位为发动机类型及驱动形式。A表示汽油、前置、前轮驱动。

第（7）位为车身形式代码。B 表示四门折背式。
第（8）位为安全保护装置代码。A 表示手动安全带。
第（9）位为工厂检验位代码。用数字 0～9 或 X 表示。
第（10）位为生产年份代码。M 表示生产年份为 2021 年。
第（11）位为生产装配工厂。8 表示第一轿车厂。
第（12）～（17）位表示工厂生产顺序号代码。

1.2.3 汽车玻璃上的标识

汽车玻璃是汽车车身附件中必不可少的部件，能提供良好的视线，主要起到防护作用，是驾乘人员的安全保障。汽车玻璃按所在的位置分为前挡风玻璃、侧窗玻璃、后挡风玻璃和天窗玻璃 4 种。汽车上的每块玻璃都印有相关的标识，如图 1-17 所示。汽车玻璃标识的含义，对选购二手车有着重要的作用。

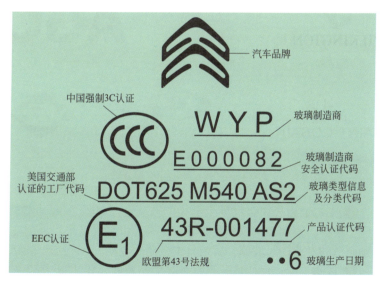

图 1-17　汽车玻璃上的标识

注：图中"WYP"是武汉耀华皮尔金顿玻璃公司的简写

（1）玻璃上的汽车品牌标志　汽车玻璃上一般都会印有汽车生产厂商的品牌标志，而且所有玻璃上都有这样的标志，如图1-18所示。

图1-18　玻璃上的汽车品牌标志

（2）玻璃制造商的品牌标志　全球汽车玻璃市场被高度垄断，世界及我国汽车玻璃知名品牌如图1-19所示。

皮尔金顿　　　　　　　　板硝子　　　　　　　　　旭硝子

圣戈班　　　　　　　　　加迪安　　　　　　　　　福耀

图1-19　汽车玻璃知名品牌

❶ 皮尔金顿公司是世界上最大的玻璃生产集团之一，1826年创建于英国，宾利、法拉利、奔驰、宝马等世界级名车均采用皮尔金顿制造的专业挡风玻璃，后被日本板硝子收购。

❷ 板硝子株式会社是一家日本玻璃制造商，在2006年购买了英国皮尔金顿，是全球四大玻璃制造公司之一。

❸ 旭硝子株式会社是一家日本玻璃制品公司，为全球第二大玻璃制品公司，1907年成立至今超过一百年。旭硝子产品为各种

玻璃制品与半成品。

❹ 圣戈班是法国一家大型的跨国企业,在汽车玻璃领域排名世界第三、欧洲第一,在国内主要为大众、通用、奔驰、宝马、神龙、日产等提供包边挡风玻璃及侧窗玻璃。

❺ 加迪安玻璃集团是世界最大的平板玻璃公司之一,也是全球四大玻璃制造公司之一。

❻ 福耀是我国最大的汽车玻璃配套厂商,也是国内最具规模、技术水平最高、出口量最大的汽车玻璃生产供应商。

(3) 中国强制 3C 认证　中国强制 3C 认证是中国强制性产品认证制度,英文名称 China Compulsory Certification。它是政府为保护消费者人身安全和国家安全,加强产品质量管理,依照法律法规实施的一种产品合格评定制度。需要注意的是,3C 标志并不是质量标志,而只是一种最基础的安全认证。

(4) 汽车玻璃制造商的安全认证代码　国家强制要求的安全认证信息。E 代表安全玻璃认证,6 位数字是生产厂家代码,同一品牌不同生产地具有不同的代码。

(5) EEC 认证 (E-mark 认证)　根据欧洲经济委员会 (ECE) 的 ECE 法规实施的一种对汽车部件的批准制度。EEC 认证表示该产品也经过了这些国外认证机构的认证许可,并可以向国外出口。有的企业获得国外认证仅仅是为说明其产品的质量具有"国际水准"。E+ 圆形外框,用于汽车零部件认可标志。"E"后面的数字代表颁发 E-mark 证书的各个不同成员国的代号,如 E1 代表德国,E4 代表荷兰。

(6) 玻璃的生产日期

❶ 查看玻璃的生产日期。玻璃上的数字代表年,5 就代表 2015 年生产。黑点在数字左边代表上半年生产,右边代表下半年生产。左边有几个黑点就用 7 减去几,如若是一个黑点就用 7-1=6,即这块玻璃是 2015 年 6 月份生产的;如果黑点在数字右边,就用 13 减去几个黑点。

如图 1-20 (a) 中的玻璃生产日期为 2020 年 7 月,图 1-20 (b) 中的玻璃生产日期为 2018 年 1 月。

(a) 生产日期为2020年7月　　　　(b) 生产日期为2018年1月

图1-20　玻璃的生产日期

❷ 判断玻璃是否更换。一般情况下，汽车玻璃的出厂日期应该和汽车整车的出厂日期相近。玻璃作为汽车的配件，其生产日期要比整车的出厂日期早，如果玻璃生产日期晚于整车的出厂日期，可以判定该车的玻璃是更换过的。

（7）DOT+数字　DOT是美国交通运输部（United States Department of Transportation）的缩写，总部位于华盛顿。DOT ID，是用来识别产品的生产工厂的。没有ID的厂家，只需在自己的产品上打印上厂名或商标，交通部则可以识别。

（8）M540 AS2　美国交通部DOT认证代码以及玻璃分类代码。M540，它主要用于标注一些玻璃的类型信息，例如颜色、厚度等。一般一个厂家可以有多组号码。AS2，玻璃分类代码。"AS1"代表的是这块玻璃的透光率不小于70%，即"清楚的玻璃""可用于前风挡"；"AS2"代表光线传输率不小于70%的玻璃，但它的可用范围是"除前风挡外的任何部位"。

有的汽车玻璃上写有LAMINATED，表示玻璃的类型为夹层玻璃。如果是钢化玻璃就写为TEMPERED。

1.2.4　汽车轮胎的标识

汽车轮胎上的标识很多，有轮胎品牌、规格（型号）、生产日期等。

（1）轮胎的规格　如图 1-21 所示，以轮胎的规格 195/60 R 14 85 H 为例进行说明。

图 1-21　轮胎的规格

❶ 195 表示轮胎断面宽度 195mm，货车子午线轮胎的断面宽度一般以英寸（in）为单位。

❷ 60 表示扁平比为 60%，扁平比为轮胎断面高度 H 与宽度 B 之比，有 60、65、70、75、80 五个级别。

❸ R 表示子午线轮胎，即"Radial"的第一个字母。

❹ 14 表示轮辋直径或轮胎内径为 14in。

❺ 85 表示荷重等级，即最大载荷质量。荷重等级为 85 的轮胎的最大载荷质量为 515kg。

❻ H 表示速度等级，表明轮胎能行驶的最高车速。轮胎速度等级对应表如表 1-6 所示。

汽车高速行驶时，会使整个轮胎的温度升高，从而导致胎面磨损加剧，轮胎都有其设计的临界速度。为了安全，轮胎是不允许超过设计速度使用的，而应根据轮胎的速度等级来使用。

表1-6 轮胎速度等级对应表

速度等级	最高速度	适用范围
L	120km/h	
M	130km/h	
N	140km/h	
P	150km/h	
Q	160km/h	
R	170km/h	紧凑级轿车
S	180km/h	
T	190km/h	
U	200km/h	
H	210km/h	中高端轿车
V	240km/h	
W	270km/h	
Y	300km/h	大型豪华轿车、超级跑车等
ZR	超过240km/h	

另外，在轮胎规格前加"P"表示轿车轮胎；在轮胎侧标有"REINFORCED"表示经强化处理；"RADIAL"表示子午线

轮胎;"TUBELESS"(或 TL)表示无内胎(真空胎);"M+S"(Mud and Snow)表示适于泥地和雪地;"→"表示轮胎旋向,不可装反。

(2)轮胎的生产日期　如图 1-22 所示,轮胎生产日期可查看轮胎侧面相应的数据。生产日期的后两位代表生产年份,前两位代表第几周生产,图中该轮胎为 2020 年第 12 周生产。

图 1-22　轮胎生产日期

1.2.5　汽车强制报废标准

公安部等四部门新制定并公布了《机动车强制报废标准规定》,于 2013 年 5 月 1 日起施行。

凡达到报废标准的机动车,其所有人应将机动车交售给报废机动车回收拆解企业,由报废机动车回收拆解企业按规定进行登记、拆解、销毁等处理,并将报废的机动车登记证书、号牌、行驶证交公安机关交通管理部门注销。

《机动车强制报废标准规定》从累计行驶里程数和(或)使用年限两个方面,对各类机动车的报废年限(里程)做了具体规定,如表 1-7 所示。

表1-7 各类机动车报废年限（里程）

车辆类型与用途				使用年限/年	行驶里程参考值/万km
汽车	载客	营运	出租客运 小、微型	8	60
			出租客运 中型	10	50
			出租客运 大型	12	60
			租赁	15	60
			教练 小型	10	50
			教练 中型	12	50
			教练 大型	15	60
			公交客运	13	40
			其他 小、微型	10	60
			其他 中型	15	50
			其他 大型	15	80
			专用校车	15	40
		非营运	小、微型客车，大型轿车*	无	60
			中型客车	20	50
			大型客车	20	60
	载货		微型	12	50
			中、轻型	15	60
			重型	15	70
			危险品运输	10	40
			三轮汽车、装用单缸发动机的低速货车	9	无
			装用多缸发动机的低速货车	12	30

续表

车辆类型与用途			使用年限/年	行驶里程参考值/万 km
汽车	专项作业	有载货功能	15	50
		无载货功能	30	50
挂车	半挂车	集装箱半挂车	20	无
		危险品运输半挂车	10	无
		其他	15	无
	全挂车		10	无
摩托车		正三轮摩托车	12	10
		其他	13	12
轮式专用机械车			无	50

注：表中机动车主要依据《机动车类型术语和定义》进行分类；标注"*"车辆为乘用车。

对于小、微型出租客运汽车（纯电动汽车除外）和摩托车，省、自治区、直辖市人民政府有关部门可结合本地实际情况，制定严于表中使用年限的规定，但小、微型出租客运汽车使用年限不得低于6年，正三轮摩托车使用年限不得低于10年，其他摩托车使用年限不得低于11年。

第 2 章 二手车基本信息核查

在二手车交易市场或者电商平台选择二手车的时候,车况信息不透明一直以来困扰着交易双方。在选购二手车的时候,一定要先了解清楚二手车的各项信息,比如二手车法定证件、二手车税费及车主信息等,确保信息无误之后再做交易。

2.1 二手车法定证件的核查

小提示

◆机动车法定证件主要有机动车来历证明、机动车行驶证、机动车登记证书、机动车号牌、道路运输证、机动车安全技术检验合格标志等。

2.1.1 核查机动车来历证明

机动车来历证明（来历凭证）除了机动车新车销售发票（即原始购车发票）、二手车销售发票（二手车销售发票反映了即将交易的车辆曾是一辆已经交易过的合法使用的二手车）之外，还有人民法院出具的《调解书》《裁定书》《判决书》以及相应的《协助执行通知书》、公证机关出具的《公证书》、国家机关出具的调拨证明、保险公司出具的《权益转让证明书》等。

(1) 购车发票　在国内购买的机动车的来历证明，可分为新车来历证明和二手车来历证明两种。在国外购买的机动车，其来历证明是该车销售单位开具的销售发票及其翻译文本。

❶ 新车来历证明。新车来历证明即机动车销售统一发票（图 2-1），是指经国家工商行政管理机关验证（加盖工商验证章）的机动车销售发票（即原始购车发票）。在购买新车时，通常可在当地的工商行政管理局机动车市场管理分局办理工商验证手续。

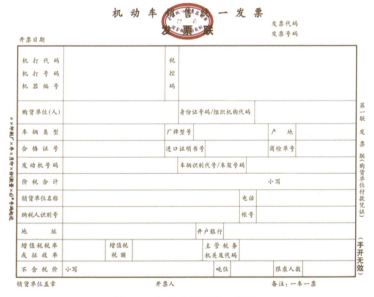

图 2-1　机动车销售统一发票

❷ 二手车来历证明。二手车来历证明即二手车销售统一发票（图 2-2），是指经国家工商行政管理机关验证（加盖工商验证章）的二手车交易发票。二手车交易发票反映了即将交易的车辆曾是一辆已经交易过的合法使用的二手车。

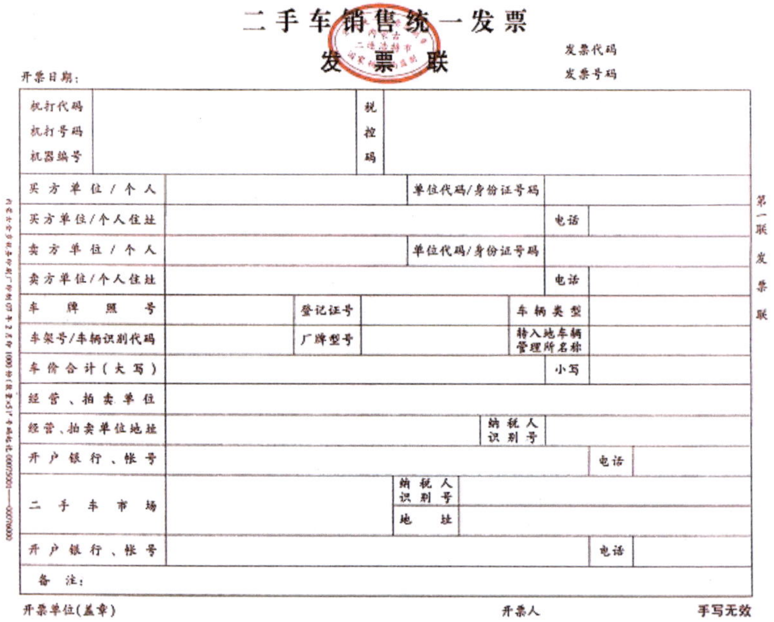

二手车销售统一发票

发票联

开票日期：　　　　发票代码　　发票号码

机打代码 机打号码 机器编号		税控码			
买方单位/个人		单位代码/身份证号码			
买方单位/个人住址				电话	
卖方单位/个人		单位代码/身份证号码			
卖方单位/个人住址				电话	
车牌照号		登记证号		车辆类型	
车架号/车辆识别代码		厂牌型号		转入地车辆管理所名称	
车价合计（大写）				小写	
经营、拍卖单位					
经营、拍卖单位地址				纳税人识别号	
开户银行、帐号				电话	
二手车市场		纳税人识别号			
		地址			
开户银行、帐号				电话	
备注：					

开票单位（盖章）　　　开票人　　　手写无效

第一联 发票联

图 2-2　二手车销售统一发票

2005 年 10 月，《二手车流通管理办法》颁布施行，在全国范围内统一了二手车销售发票。目前国内大部分地区都使用了新版的“二手车销售统一发票”。

（2）其他机动车来历证明

❶ 人民法院调解、裁定或者判决转移的机动车，其来历证明是人民法院出具的已经生效的《调解书》《裁定书》（图 2-3）、《判决书》或《协助执行通知书》。

❷ 仲裁机构仲裁裁决转移的机动车，其来历证明是《仲裁裁决书》。

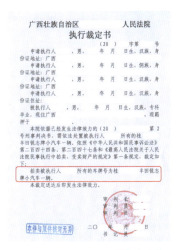

图 2-3　人民法院的《裁定书》

❸ 继承、赠予、中奖和协议抵偿债务的机动车，其来历证明是继承、赠予、中奖和协议抵偿债务的相关文书和公证机关出具的《公证书》（图 2-4）。

图 2-4　公证机关出具的《公证书》

❹ 资产重组或者资产整体买卖中包含的机动车,其来历证明是资产主管部门的批准文件。

❺ 国家机关统一采购并调拨到下属单位未注册登记的机动车,其来历证明是全国统一的机动车销售发票和该部门出具的调拨证明。

❻ 国家机关已注册登记并调拨到下属单位的机动车,其来历证明是该部门出具的调拨证明。

❼ 经公安机关破案发还的被盗抢且已向原机动车所有人理赔完毕的机动车,其来历证明是保险公司出具的《权益转让证明书》。

❽ 更换发动机、车身、车架的机动车来历证明,是销售单位开具的发票及修理单位开具的修理发票(附维修结算单)。

通过检查机动车来历证明可以及时发现该车是否合法、是否为涉案车辆,同时,登录公安机关交通管理部门的"全国被盗抢汽车信息系统",确认车辆是否为被盗抢车,从而有效杜绝盗抢车、走私车、拼装车和报废车的非法交易,避免受到损失。

2.1.2 核查机动车行驶证

(1)机动车行驶证的功用　机动车行驶证是由公安机关车辆管理部门依法对车辆进行注册登记核发的证件。它是机动车取得合法行驶权的凭证。《中华人民共和国道路交通安全法》第十一条规定,机动车行驶证是车辆上路行驶必须携带的证件。

在二手车鉴定评估的手续检查中,机动车行驶证也是检查二手车合法性的凭证之一。机动车行驶证上标注有机动车的重要信息,如图2-5所示。

通过查验机动车行驶证上的号牌号码、汽车识别代码、发动机号与车辆实物是否一致,是否有改动、凿痕、锉痕、重新打刻等情况,车辆颜色与车身装置是否与行驶证一致等项目可以初步判断二手车是否合法。

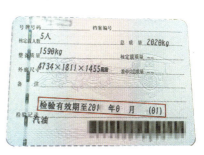

图 2-5　机动车行驶证

（2）机动车行驶证真伪的识别　机动车行驶证的制作国家有统一规定。GA37—2008《中华人民共和国机动车行驶证》规定，为了防止伪造行驶证，行驶证塑封套上有用紫光可识别的不规则的与行驶证卡片上图形相同的暗记（图2-6），并且行驶证上按要求粘贴车辆彩色照片。

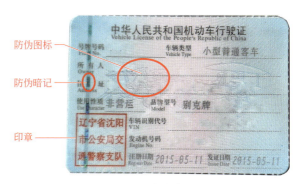

图 2-6　防伪暗记

机动车行驶证的识别真伪方法如下：

❶ 查验机动车行驶证塑封套上不规则的暗记与行驶证卡片上不规则的暗记是否相同，不规则的暗记可用紫光灯识别。

❷ 查验行驶证塑封套全息图文。行驶证塑封套有全息图文，图文由平安结、指路标志、机动车等图案和"中国 CHINA"和"VEHICLE LICENSE"等字样构成（图2-7），不同角度，全息图文会显出不同颜色。

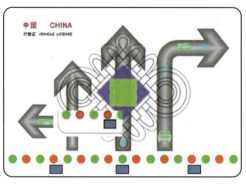

图 2-7　行驶证塑封套的全息图文

❸ 查看识伪标记。机动车行驶证签注的内容都是通过针式打印机打印，在证芯上留有凹凸感，而有些假证只是扫描后分色印刷出来，证芯上没有凹凸感。

❹ 查验照片与实车。核对机动车行驶证上车辆的彩色照片与实车是否相符。正常情况下行驶证的照片都是在车管所拍摄，照片清晰、效果较好。若发现照片模糊、拍摄地点和方向有所出入时，须引起注意。

❺ 查验印刷质量。对机动车行驶证上的印刷字体字号、纸质、印刷质量与车辆管理机关的机动车行驶证式样进行比较确认。一般来说，伪造行驶证纸质差，印刷模糊。

❻ 检查字体。机动车行驶证上的数字均使用专用字体，均为公安部加密字体，比如"0"，中间一条起伏的横杠；"5"的横为一条曲线，不是直线（图 2-8）。假机动车行驶证做工粗糙，印刷模糊，黑色过浓或过淡。

图 2-8　检查字体

❼ 查看公安车辆管理机关印章。查看公安车辆管理机关印章时要了解每个地方印章的特点，包括印章的大小、字体、色泽、边框乃至笔画特征。

❽ 通过公安车辆管理机关核查。对有怀疑的机动车行驶证可通过信函、电话、传真到发证的公安车辆管理机关进行真假核实；或者通过公安网上的全国交通管理信息查询系统，可以查询到机动车所有人、品牌型号、发动机号、车架号、注册登记日期、发证日期、核定载质量、核定载客人数等信息，与所查验的机动车行驶证上所载明的信息进行比对。

2.1.3 核查机动车登记证书

机动车登记证书（图2-9）是由公安机关车辆管理部门核发和管理的，是机动车的"户口本"和所有权证明，具有产权证明的性质。机动车登记证书俗称"绿皮本"，由车辆所有人保管，不随车携带。此后办理转籍、过户等任何车辆登记时都要求出具，并在其上记录车辆的有关情况。

图2-9　机动车登记证书

机动车登记证书上记载了有关机动车及其所有人的详细信息，包括车辆长宽高、轮胎尺寸、生产日期、车辆所有人、发动机排量、型号、功率、车辆颜色、变更过户记录、生产厂家等（图2-10）。

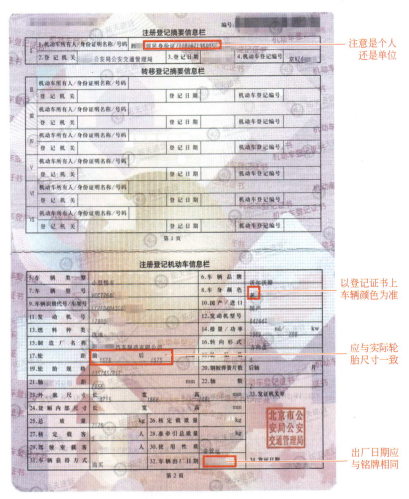

图2-10　机动车登记证书上记载的详细信息

当证书上所记载的原始信息发生变动时,机动车所有人应当及时到车辆管理所办理变更登记手续;当机动车所有权转移时,原机动车所有人应当将机动车登记证书进行变更登记后随车交给现机动车所有人。因此,机动车登记证书是机动车从"生"到"死"的完整记录。

核查机动车登记证书是二手车鉴定评估人员必须认真查验的手续。机动车登记证书与机动车行驶证相比它的内容更详细,一些评估参数必须从机动车登记证书获取,如使用性质、国产/进口等。

核查机动车登记证书时,首先要对比判断真伪。其次要确认机动车登记证书上记录的有关车辆的信息是否与被评估车辆完全一致,若不一致,则要求车主解决此事,并提示车主,此车不能进行交易。另外,还要核查机动车登记证书上的车主信息。在机动车登记证书的备注页查看是否有过户登记的记录,如果有记录则为已经转过手的二手车,登记的次数表示转手的次数。

机动车登记证书的真伪鉴别方法与机动车行驶证的真伪鉴别方法基本相同。需要说明的是,真的机动车登记证书有多处荧光防伪位置,如机动车登记证书中间缝合线处(图2-11)、机动车登记证书最后一页"重要提示"处(图2-12)、机动车登记证书的证书编号处(图2-13)等。

图 2-11　机动车登记证书中间缝合线处

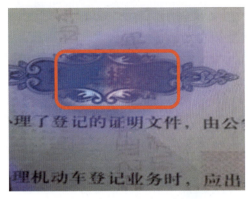

图 2-12　机动车登记证书"重要提示"处

图 2-13　机动车登记证书的证书编号处

2.1.4　核查机动车号牌

（1）机动车号牌定义　机动车号牌是指在法定机关登记的准予机动车在中华人民共和国境内道路上行驶的法定标志。机动车号牌是由各地公安机关车辆管理部门依法对机动车进行注册登记核发的号牌。它和机动车行驶证一同核发，其号码与行驶证上记载的一致。《中华人民共和国道路交通安全法》中第十一条规定，机动车号牌应当按照规定悬挂并保持清晰、完整，不得故意遮挡、污损。

目前，我国规定使用的机动车号牌按《中华人民共和国机动车号牌》(GA36—2018)标准制作。

(2) 机动车号牌的特点　机动车号牌一般在机动车辆的特定位置悬挂，其号码是机动车登记编号。机动车号牌的配色主要由号牌底色和字符颜色构成。机动车号牌分类、规格、颜色及适用范围如表2-1所示。

表2-1　机动车号牌分类、规格、颜色及适用范围

分类	外廓尺寸/(mm×mm)	颜色	数量	适用范围
大型汽车号牌	前：440×140 后：440×220	黄底黑字，黑框线	2	符合GA 802规定的中型(含)以上载客、载货汽车和专项作业车(适用大型新能源汽车号牌的除外)；有轨电车
挂车号牌	440×220		1	符合GA 802规定的挂车
大型新能源汽车号牌	480×140	黄绿底黑字，黑框线		符合GA 802规定的中型(含)以上的新能源汽车
小型汽车号牌	440×140	蓝底白字，白框线		符合GA 802规定的中型以下的载客、载货汽车和专项作业车(适用小型新能源汽车号牌的除外)
小型新能源汽车号牌	480×140	渐变绿底黑字，黑框线	2	符合GA 802规定的中型以下的新能源汽车
使馆汽车号牌	440×140	黑底白字，白框线		符合外发〔2017〕10号通知规定的汽车
领馆汽车号牌				驻华领事馆的汽车
港澳入出境车号牌		黑底白字，白框线		港澳地区入出内地的汽车

续表

分类	外廓尺寸/（mm×mm）	颜色	数量	适用范围
教练汽车号牌	440×140	黄底黑字，黑框线	2	教练用汽车
警用汽车号牌		白底黑字，红"警"字，黑框线		汽车类警车
普通摩托车号牌	220×140	黄底黑字，黑框线	1	符合GA 802规定的两轮普通摩托车、边三轮摩托车和正三轮摩托车
轻便摩托车号牌		蓝底白字，白框线		符合GA 802规定的两轮轻便摩托车和正三轮轻便摩托车
使馆摩托车号牌		黑底白字，白框线		符合外发〔2017〕10号通知规定的摩托车
领馆摩托车号牌		黑底白字，白框线		驻华领事馆的摩托车
教练摩托车号牌		黄底黑字，黑框线		教练用摩托车
警用摩托车号牌		白底黑字，红"警"字，黑框线		摩托车类警车
低速车号牌	300×165	黄底黑字，黑框线	2	符合GA 802规定的低速载货汽车、三轮汽车和轮式专用机械车
临时行驶车号牌	220×140	天（酞）蓝底纹，黑字黑框线	2	行政辖区内临时行驶的载客汽车
			1	行政辖区内临时行驶的其他机动车

续表

分类	外廓尺寸 /（mm×mm）	颜色	数量	适用范围
临时行驶车号牌	220×140	棕黄底纹，黑字黑框线	2	跨行政辖区临时行驶的载客汽车
			1	跨行政辖区临时行驶的其他机动车
		棕黄底纹，黑"试"字，黑字黑框线	2	试验用载客汽车
			1	试验用其他机动车
		棕黄底纹，黑"超"字，黑字黑框线	1	特型机动车，质量参数和/或尺寸参数超出 GB 1589 规定的汽车、挂车
临时入境汽车号牌	88×60	白底棕蓝色专用底纹，黑字黑框线	1	临时入境汽车
临时入境摩托车号牌			1	临时入境摩托车
拖拉机号牌	按 NY 345.1 执行			上道路行驶的拖拉机

大型汽车前号牌、小型汽车号牌、港澳入出境车号牌、教练汽车号牌基本示例如图 2-14 所示。

图 2-14 汽车号牌基本示例

小型新能源汽车号牌如图 2-15 所示。

图 2-15　小型新能源汽车号牌

（3）机动车号牌真假判别

❶ 对机动车号牌的要求。机动车号牌（金属材料号牌）的外观应符合以下要求：

a. 表面应清晰、完整，不应有明显的皱纹、气泡、颗粒杂质等缺陷或损伤；

b. 字符整齐，着色均匀；

c. 表面不同反光区域应反光均匀，不应有明显差异，其中小型汽车号牌和轻便摩托车号牌字符应反光；

d. 反光膜应与基材附着牢固，字符和加强肋边缘不应有断裂；

e. 正面应有清晰的反光膜型号标识和省、自治区、直辖市汉字简称标识或新能源汽车号牌专用标识。标识和机动车登记编号方向一致且无倾斜或变形；

f. 生产序列标识应清晰完整，且有动态的省、自治区、直辖市行政区划代码字符；

g. 大型新能源汽车号牌和小型新能源汽车号牌的两条正弦曲线应连续清晰，且有动态景深效果。

❷ 机动车号牌真假判别方法。机动车号牌真假判别方法如图 2-16 所示。

a. 用手触摸车牌。用手触摸车牌周边棱角处是否光滑。伪造号牌不是一次成形，车牌上的字体边缘会有棱角，即使打磨过也难以掩盖痕迹。拆下车牌查看时，其背面会有敲打过的痕迹。

图 2-16 机动车号牌真假判别

b. 观察机动车号牌的颜色。机动车号牌的颜色非常青翠悦目，耐光照，可以保持多年不褪色变色。而伪造机动车号牌由于其制作工艺等多种因素影响，它的颜色或深或浅，极易褪色变色，很容易分辨。

c. 观察数字的圆弧过渡处。真号牌数字的字体经公安部加密，圆弧过渡处十分圆润流畅，一气呵成。而伪造号牌的数字圆弧过渡处则处理得十分粗糙，一般都是直线过渡。真假对比效果十分明显。

d. 观察防伪标识。真号牌防伪标识一般较清晰，在各个角度观察号牌均能清晰分辨，而伪造号牌防伪标识一般过于清晰或过于模糊，视觉效果差。

e. 观察数字的封闭区域。真号牌数字的封闭区域均为不规则圆形，例如"9"的封闭区域的圆形上小下大，像一个鸡蛋，"6"的封闭区域则上大下小。而伪造号牌的封闭区域则通常为规则的圆形或椭圆。

f. 观察号牌字母数字边角处理。真号牌边角处理十分圆滑，而伪造号牌由于其压制工艺低劣，一般边角较为生硬，棱角分明，数字和字母凸面和号牌平面过渡分界线明显，有一条清晰的线。

2.1.5　核查道路运输证

运营车辆应有道路运输经营许可证，简称道路运输证（图 2-17）。

图 2-17　道路运输证

道路运输证是县级以上交通主管部门设置的道路运输管理机构对从事旅客运输（包括城市出租客运）、货物运输的单位和个人核发的随车携带的证件。营运车辆转籍过户时，应到运输管理机构及相关部门办理营运过户有关手续。

运营车辆应有道路运输证，非运营车辆没有该证。核查道路运输证的主要内容是道路运输证的真伪及其记载的信息是否真实、是否在有效期内。

2.1.6 机动车检验合格标志

机动车检验合格标志主要包括机动车安全技术检验合格标志、营运车辆综合性能检测合格标志及机动车环保检验合格标志几种类型。

(1) 机动车安全技术检验合格标志　机动车必须进行安全技术检验，检验合格后，由公安机关发放机动车检验合格标志（图2-18）。根据《中华人民共和国道路交通安全法实施管理条例》第十三条的规定，机动车检验合格标志应粘贴在机动车风窗玻璃右上角。

图2-18　机动车检验合格标志

目前，国家正在推广机动车检验合格标志电子化。从2020年4月起，黑龙江、江苏、浙江、山东、湖北、湖南、广东、海南、四川、贵州、云南、新疆12个省（区）将作为第一批开展机动车检验标志电子化推广应用的行政区，全省（区）范围推行检验标志电子化。

机动车检验合格标志电子凭证通过统一的交管电子证照资源库进行验证管理，具备统一性、唯一性、安全性的特点。同时，还采用了专用的加密防伪二维码，保证电子凭证唯一、可靠和安全使用，公安交管信息系统将自动推送检验标志电子凭证。交警在执法管理中将通过警务执法终端等方式核查车辆检验状况。

机动车检验合格标志电子凭证与纸质凭证具有同等效力。已领取机动车检验合格标志电子凭证的车辆，不需要在机动车风窗玻璃右上角再粘贴纸质标志。公安交管部门不以机动车未放置（粘贴）机动车检验合格标志为由进行处罚。

（2）营运车辆综合性能检测合格标志　凡在我国境内从事客、货运输的车辆，每年必须经汽车综合性能检测站检测，检测合格后由道路运输管理部门核发"综合性能检测合格"标志，并要求粘贴于风窗玻璃右上角。

（3）机动车环保检验合格标志　机动车必须进行环保技术检验。2016年7月21日，环境保护部、公安部、国家认证认可监督管理委员会联合发布《关于进一步规范排放检验加强机动车环境监督管理工作的通知》，通知中明确表示要加强和改进机动车尾气排放检测的管理，机动车应依法进行尾气排放检验，但环保部门不再核发机动车环保检验合格标志（分绿标和黄标两种，如图2-19所示）。

图2-19　不再核发的机动车环保检验合格标志

撤销机动车环保检验合格标志并不意味着车辆免于检测，只是环保检验标志和年审标志合二为一。按照规定，机动车检验机构需将尾气检验信息上传至公安交管部门。如果车辆未进行尾气检测，车管部门将不予出具安全技术检验合格证明，车主将无法进行年审。这与现行的车辆年审条件相同，尾气检测合格同样还是前置条件。

2.2 二手车税费与车主信息的核查

2.2.1 二手车税费的核查

根据《二手车流通管理办法》规定，二手车交易必须提供车辆购置税、车船税和车辆保险费等税费缴付凭证。

(1) 核查车辆购置税　车辆购置税是国家向所有购置车辆的单位和个人以纳税形式征收的一项费用，它由车辆购置附加费演变而来，设置该税的目的是解决发展公路运输事业与国家财力紧张的突出矛盾，筹集交通基础建设资金。

核查车辆是否具有真实的车辆购置税完税证明（图 2-20）。如果为免税车，应查实其是否符合免税的有关规定。

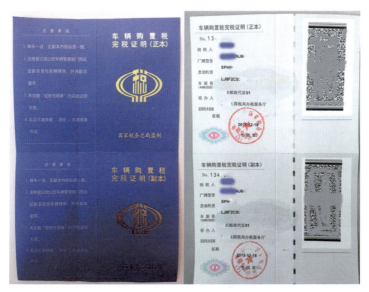

图 2-20　车辆购置税完税证明

（2）核查车船税　早期的车船税征收依据是 2007 年 1 月 1 日起实施的《中华人民共和国车船税暂行条例》（国务院令第 482 号）。2011 年 2 月 25 日，《中华人民共和国车船税法》由中华人民共和国第十一届全国人民代表大会常务委员会第十九次会议通过，自 2012 年 1 月 1 日起施行。2011 年 11 月 23 日，国务院第 182 次常务会议通过并公布了《中华人民共和国车船税法实施条例》，自 2012 年 1 月 1 日起施行。所以目前车船税征收依据为《中华人民共和国车船税法》和《中华人民共和国车船税法实施条例》。

2012 年以后，各地的普通型乘用车车船税征收标准见表 2-2。

表 2-2　普通型乘用车车船税征收标准（2012 年）

挡位	排量 /L	税额 /元
1	≤ 1.0	240
2	> 1.0 ～ 1.6（含 1.6）	420
3	> 1.6 ～ 2.0（含 2.0）	480
4	> 2.0 ～ 2.5（含 2.5）	900
5	> 2.5 ～ 3.0（含 3.0）	1800
6	> 3.0 ～ 4.0（含 4.0）	3000
7	> 4.0	4500

核查是否具有真实的车船税完税凭证（图 2-21）。如果没有此凭证，但按规定能够补办，则应在价格评估时将此项费用扣除（包括新交税费、补交税费及滞纳金等）。

（3）核查机动车保险单　我国机动车保险险种分为基本险和附加险两大类。所谓基本险，是指可以单独投保和承保的险别；所谓附加险，是指不能单独投保和承保的险别，投保人只能在投保基本险的基础上，根据自己的需要选择加以投保。基本险和附加险又分别有不同险种。基本险（又称为主险）分为车辆损失险、第三者责任险和车辆盗抢险。机动车附加险又分为车上责任险、无过失责任险、车载货物掉落责任险、玻璃单独破碎险、车辆停驶损失险、自燃损失险、新增设备损失险和不计免赔特约险等。基本险与附加险有这样的关系：如果附加险的条款和基本险条款发生抵触，抵触之处的解释以附加险条款为准；如果附加险条款未做规定，则以基本险条款为准。保险人按照承保险别分别承担保险责任。

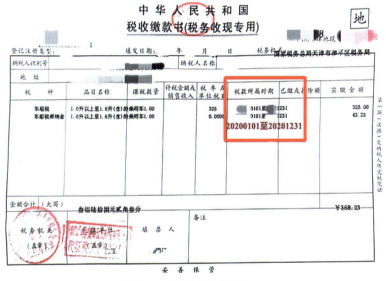

图 2-21　车船税完税凭证

在二手车交易中，核查机动车保险单（图 2-22）时，应核查该车辆投保了哪些险种（如车辆损失险、交强险、盗抢险及其他附加险），并确认其保险单的真实性。

（4）客、货运附加费　客、货运附加费是国家本着取之于民、用之于民的原则，向从事客、货营运的单位或个人征收的专项基金。它属于地方建设专项基金，各地征收的名称叫法不一，收取的标准也不尽相同。客运附加费是用于公路汽车客运站点设施建设的专项基金，货运附加费是用于港航、场站、公路建设和车船技术改造的专项基金。

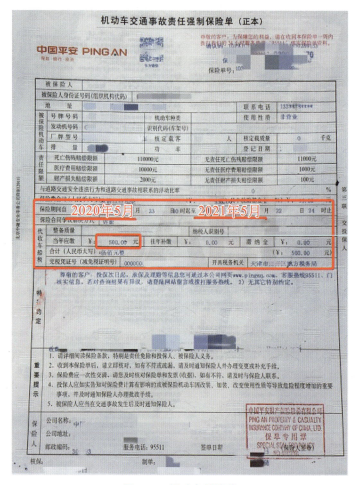

图 2-22　机动车保险单

2.2.2　车主信息的核查

按照机动车行驶证登记信息及委托人的身份证信息，核查车主以下基本信息,确保车主信息的真实性。

❶ 了解机动车行驶证登记所有人与委托人的身份证是否一致,判断二手车交易人员(委托者)是否是原车主,因为只有原车主才有车辆处置权,否则,在交易后可能会引起不必要的麻烦。

❷ 如果是单位车辆,应了解单位名称及隶属关系,核查单位组织机构代码证和经办人身份证复印件(必须在有效期内)。

第 3 章 事故车的鉴定

3.1 车身外观的检查

二手车外观检查项目,基本上可分为两大类:一类是仅做定性规定的检查项目,可用直观检查,即目测检查的方法进行;另一类是做定量规定的检查项目,需采用仪器设备和客观检查方法做定量分析。外观检查项目中,如需在底盘下面进行,应在设有检测地沟或汽车举升机的工位上进行。

二手车在进行外观检查前,应进行外部清洗。

外观检查各项目中,有些可以依靠检验人员的技能和经验,用感官进行定性的直观评价,比如车辆外部损伤、漏水、漏气、渗油和连接件松动、脱落等;有些项目却需要用仪表进行检测。随着检测技术的发展,人们开始运用仪器设备进行一些车辆的外观检测诊断,如转向盘自由转动量、踏板行程、漆膜厚度、硬度和光泽度等。因此,汽车外观检查有人工经验法、仪器仪表测量法以及两种方法的综合运用。

GB/T 30323—2013 二手车鉴定评估技术规范中规定,车身外观应按车身外观展开示意图（图3-1）中规定的部位，逐一进行检查。检查时从前保险杠开始，按顺序绕车一周。

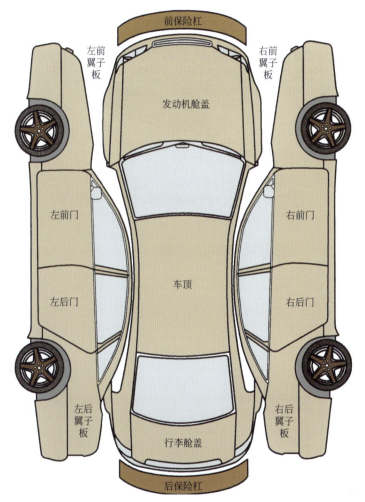

图3-1 车身外观展开示意图

对于进厂车辆应进行环车检查，记录客户故障描述。环车检查的顺序及要点如图3-2所示。

图 3-2　环车检查的顺序及要点

3.1.1　保险杠的检查

（1）检查保险杠装配间隙　保险杠与周围板件间的配合间隙应均匀一致，如果出现间隙不均匀的情况（图 3-3），则有可能是维修调整不当或发生了碰撞事故，车身变形没有完全校正到位，而使保险杠无法调整到正确的位置。

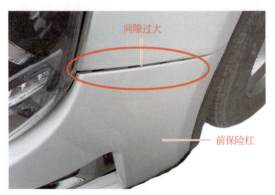

图 3-3　保险杠与周围板件间隙过大

（2）检查保险杠损伤情况　目视检查保险杠是否有明显的剐蹭损伤（图3-4）、裂纹、掉块。用手推拉感觉是否松动，如果松动，则应仔细检查固定螺钉处是否已经拉坏。

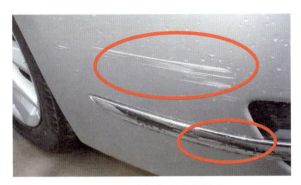

图3-4　保险杠有明显的剐蹭

（3）检查保险杠漆膜　目视检查保险杠局部漆膜颜色是否与其他部位有色差（图3-5），或与周围板件的漆膜有色差。如果有色差，可判定补过漆，该车辆可能出过碰撞事故。检查漆膜表面质量，目视检查是否有明显的颗粒、橘皮纹、流挂痕等缺陷，如果有则说明补过漆。也可用膜厚仪检查漆膜厚度的方法判断是否补过漆。

查看是否有色差

图3-5　检查保险杠是否有色差

❶ 色差。色差即同一板件或同一整体的不同部位有颜色差异，如图 3-6 所示。

(a) 同一板件　　　　　　　　(b) 同一整体

图 3-6　有色差

❷ 颗粒。颗粒是由于喷漆时灰尘吸附在漆膜表面上形成的，如图 3-7 所示。

图 3-7　漆膜表面的颗粒

❸ 橘皮纹。橘皮纹是漆膜表面呈现像橘子皮表面状态一样的现象，如图 3-8 所示。

❹ 流挂痕。流挂痕是漆膜表面呈现油漆流淌后凝固的状态，如图 3-9 所示。

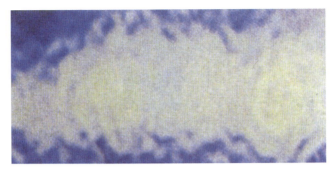

图 3-8　橘皮纹

图 3-9　流挂痕

由于喷涂用材料、工具、喷涂技术水平及环境条件等的限制，汽车修补喷漆时，可能产生的缺陷有多种。二手车鉴定评估人员应该经常观察各类汽车的原厂漆膜表面状况和修补涂装后漆膜表面状况，积累经验，以便能够准确判定漆膜是否经过修补。

3.1.2　中网的检查

检查中网是否有损伤。正前方的碰撞经常会造成中网损伤（图 3-10），对于不严重的损伤，车主不要求更换新件，所以会留下损伤的痕迹。

图 3-10　中网损伤

3.1.3　发动机舱盖的检查

（1）检查装配间隙　发动机舱盖与周围板件间的配合间隙应均匀一致（图 3-11），如果出现间隙不均匀的情况，则有可能是维修调整不当或发生过碰撞事故，车身变形没有完全校正到位，而使发动机舱盖无法调整到正确的位置。

图 3-11　检查装配间隙

（2）检查表面漆膜　检查内容和方法与前保险杠漆膜检查相同。由于发动机舱盖多为钢板制作，可采用磁铁吸附法检查，即用一块包有软纸或纱布的磁铁，在初步断定有补漆的表面做吸附操作，感受吸力大小；再在该区域周围或发动机舱盖周围的钢板件表面做吸附操作，感受吸力大小。补过漆的区域，因修补施工时一般都涂有原子灰（俗称腻子），且经过多次补喷漆，所以该区域的涂层厚度增加，磁铁的吸力明显减弱。

（3）检查表面损伤　借助反射光线，查看发动机舱盖外表面是否有明显的凸凹损伤（图3-12），是否有漆面脱落，是否有锈蚀等现象。查看过程中，也可戴棉手套触摸表面配合检查。

图3-12　查看发动机舱盖外表面损伤

3.1.4　翼子板的检查

（1）翼子板的特点　翼子板是遮盖车轮的车身外板，因旧式车身该部件形状及位置似鸟翼而得名。按照安装位置不同又分为前翼子板和后翼子板（图3-13）。前翼子板安装在前轮处，因为前轮有转向功能，所以必须要保证前轮转动时的最大极限空间。现在有些轿车翼子板已与车身本体成为一个整体，但也有轿车的翼子板是独立的，尤其是前翼子板，因为前翼子板碰撞机会比较多，独立装配容易整件更换。

图 3-13　翼子板

　　一般车辆前方出现事故的概率为 30%，在进行车辆检测的过程中，需要对车辆前方进行重点勘察。而前翼子板，是二手车检测的一个重点。

　　（2）翼子板的检查　汽车前、后翼子板被撞常常是因为汽车追尾或是撞到其他固定物而造成损伤，其损伤往往因受力很大，会出现塌陷（凹坑）、不规则的褶皱或塌陷与褶皱同时产生，并出现死褶等。

　　检查翼子板时，主要检查是否有明显的损伤，是否有漆面脱落、锈蚀或补过漆的痕迹。

　❶ 检查翼子板螺栓是否有拆卸的痕迹。判断翼子板是否拆卸过的时候，可检查翼子板正面的二或三个固定螺栓（图3-14）、翼子板与 A 柱一侧的固定螺栓（图 3-15）是否有拆卸的痕迹。

　❷ 查看是否有隔声棉或衬板。对于一些车型，可以根据是否有隔声棉或衬板（图 3-16）来判断。很多车辆在将翼子板进行拆卸后，隔声棉或衬板都不会装回原位，这也是判断是否拆卸过的一个重点。

　❸ 查看翼子板上褶皱数或凸筋是否一致。有的车型的翼子板上，原厂件翼子板上褶皱数或凸筋（图3-17）是一致的，而副厂件翼子板上褶皱数或凸筋不一致。如果翼子板上褶皱数或凸筋不一致，说明翼子板更换过。

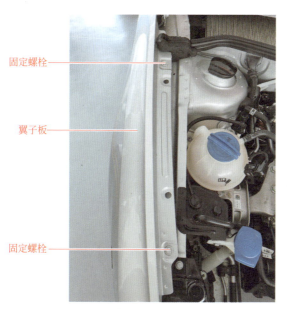

图 3-14　检查翼子板固定螺栓

图 3-15　检查翼子板与 A 柱一侧的固定螺栓

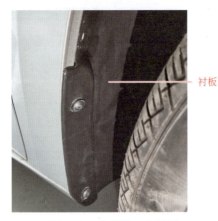

图 3-16　查看是否有衬板

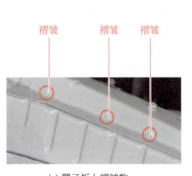

(a) 翼子板上褶皱数

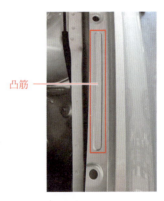

(b) 翼子板上凸筋

图 3-17　查看翼子板上褶皱数或凸筋是否一致

3.1.5　车门的检查

（1）检查车门缝隙是否整齐、左右缝隙是否对称　从车的侧面观察前后车门是否呈现一直线，关闭车门后的接合处是否整齐，左右缝隙是否对称，车门装饰条是否变形、老化，如图 3-18 所示。

图 3-18　检查车门缝隙

（2）**检查车门接缝处是否平整**　再从车门查看，在未打开车门时，可先查看车门接缝处（图 3-19）是否平整，如果接合的密合度自然平整，表示此车无大问题。可以再打开车门来详细查看 A、B、C 柱，也就是观察车门框是否呈一直线，如果不平整，有类似波浪俗称橘子皮的情形，表示此车经过钣金修理。

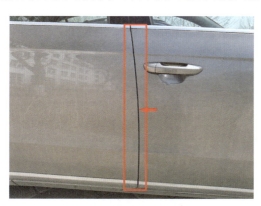

图 3-19　查看车门接缝处

（3）**检查车门密封胶条是否平整、老化**　如图 3-20 所示，将黑色的车门密封胶条揭开来查看胶条是否平整、老化。

图 3-20　检查车门密封胶条

（4）检查是否有喷漆、钣金痕迹　打开车门，仔细观察是否有喷漆、钣金痕迹。

（5）检查车门 A 柱前门内侧固定螺栓　打开车门，检查车门 A 柱前门内侧的固定螺栓是否牢固（图 3-21），是否有拆卸痕迹。

图 3-21　检查车门 A 柱前门内侧固定螺栓

(6)检查车辆底边门框 检查车辆底边门框是否变形,如图 3-22 所示。

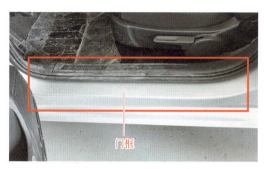

图 3-22 检查车辆底边门框

(7)车门底边胶的检查 如图 3-23 所示,检查车门底边胶是否正常。底边胶主要作用是对相应的部件进行保护,原车的车门底边都会有这种底边胶。

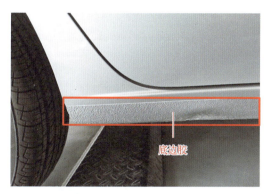

图 3-23 车门底边胶的检查

(8)A 柱的检查 如图 3-24 所示,检查 A 柱,查看是否自然平顺,是否变形。

(9)单个车门整体检查 如图 3-25 所示,查看单个车门,门框是否平整、无变形,密封胶条是否老化,漆面是否有补漆痕迹。

图 3-24　A 柱的检查

图 3-25　单个车门整体检查

（10）检视车门开启的顺畅度　可来回开关车门检视车门开启的顺畅度（图 3-26），无杂音或开启时顺畅，表示该车门正常。

图 3-26　检视车门开启的顺畅度

3.1.6 车窗玻璃的检查

（1）**车窗玻璃品牌的检查** 在检查二手车时，查看车窗的玻璃是不是都是一个品牌（图3-27）。如果发现有哪个玻璃品牌是不同的，就要考虑是不是原车主更换过玻璃了。

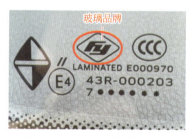

图3-27 车窗玻璃品牌的检查

（2）**玻璃生产日期的检查** 一辆车上的玻璃生产日期应统一。通过二手车车窗玻璃生产日期的检查，可以确定玻璃是否被更换过，从而确定二手车的使用情况。

如图3-28所示，在车窗玻璃上每一串符号的最下面都会有编号对应着生产日期。比如：图中"…0"，0表示年份，说明在2020年生产，至于为什么不是2000年生产，这个通过整体车况就能看出来，一个是才一年的车，一个是十几年的车，根据实际整体车况就能看出来是2020年的。黑点在"0"左，表示上半年生产；黑点在"0"右，则表示为下半年生产。

图3-28 玻璃生产日期的检查

计算具体的月份其实是有个公式的：

❶ 上半年生产的玻璃计算公式为：7减去黑点数。以图3-28的玻璃为例，出厂月份为7-3=4，这就表明，前风挡玻璃的生产日期为2020年4月。

❷ 下半年生产的玻璃计算公式为：13-黑点数。比如在"0"的后边有三个黑点，那么生产月份为13-3=10，也就说明生产日期为2020年10月。

用同样的方法查看其他的车窗玻璃生产日期，就能确定玻璃是否被换过了。

为什么要确定玻璃是否被换过呢？因为在汽车钣金修复技术高超的情况下，仅从肉眼有时是很难判断出来车辆是否发生过事故，但是如果确认出玻璃被换过就可以怀疑了。

小提示

◆ 有的二手车的车窗玻璃生产日期和行驶证（或车辆铭牌）上的出厂日期并不一致，甚至所有的车窗玻璃生产的月份也不完全一样，但是确实也没换过玻璃，这是为什么呢？实际上，玻璃的生产日期有时候确实是会和车辆的出厂日期不一致，所有车窗玻璃的生产月份也可能不完全一致，只要相差不会很久（相差2～3个月），一般情况下是没有什么问题的。

◆ 车窗玻璃作为配套的配件，其生产日期比整车出厂日期要早，如果发现玻璃生产日期晚于整车出厂日期，可以判定玻璃已经更换过。

（3）车窗玻璃质量的检查　检查车窗玻璃是否有裂纹或孔洞类的损伤（图3-29）。

第 3 章　事故车的鉴定

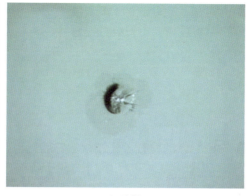

(a) 裂纹　　　　　　　　　(b) 孔洞

图 3-29　玻璃损伤

3.1.7　轮胎的检查

通过轮胎的检查，可以判定二手车的实际行驶里程和大致使用年限。

（1）轮胎磨损标记

❶ 轮胎的胎面磨损到磨损标记以下后应及时更换轮胎。如图 3-30 所示，轮胎磨损标记位于胎面花纹沟的底部，当胎面磨损到此处时，花纹沟断开，表明轮胎要停止使用，更换新轮胎。

图 3-30　轮胎磨损标记

❷ 为便于找到轮胎的磨损标记，通常在轮胎磨损标记对应的胎肩处标出"△"符号。这种磨损标记按国家标准的规定，每只轮胎应沿圆周等距离设置，不少于4个。

(2) 轮胎的检查　轮胎的检查主要是检查轮胎的磨损程度。轮胎磨损程度的检查包括轮胎外观的检查和胎面花纹深度的检查。

1) 轮胎外观的检查

❶ 轮胎胎体的检查。仔细查看轮胎，检查轮胎胎体是否有变形、鼓包、橡胶开裂等现象，如图3-31所示。

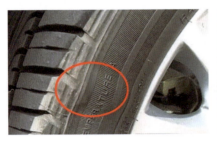 

(a) 鼓包　　　　　　　　　　(b) 橡胶开裂

图3-31　轮胎胎体的检查

❷ 轮胎异常磨损的检查。检查轮胎是否有胎肩或胎面中间磨损，如图3-32所示。

(a) 胎肩磨损　　　　　　　　(b) 胎面中间磨损

图3-32　胎肩或胎面中间磨损

❸ 轮胎一侧磨损的检查。检查轮胎是否有一侧（内侧或外侧）磨损，如图 3-33 所示。

图 3-33　轮胎一侧磨损的检查

❹ 轮胎羽状磨损的检查。检查轮胎是否有羽状磨损，如图 3-34 所示。

图 3-34　轮胎羽状磨损的检查

❺ 轮胎的前端和后端磨损的检查。检查轮胎是否有羽状磨损，如图 3-35 所示。轮胎的前端和后端磨损是一种局部磨损，常常出现在具有横向花纹和区间花纹的轮胎上，胎面上的区间发生斜向磨损（与鞋跟的磨损方式相同），最终变成锯齿状。

图 3-35　轮胎的前端和后端磨损的检查

2）胎面花纹深度检查

具体方法：擦净轮胎花纹顶面及纹槽，将深度尺垂直插入轮胎花纹槽中，保持深度尺的测量平面与两侧花纹顶面可靠接触；观察并读取深度尺外壳顶端与标尺对齐的刻度线指示的数值，该数值即为轮胎花纹深度值，如图 3-36 所示。

图 3-36　胎面花纹深度检查

如果轮胎花纹接近轮胎磨损标记，说明轮胎没有更换过。如果经过测量，前轮轮胎比后轮轮胎花纹磨损严重，说明二手车没有进行过轮胎换位。

(3) 轮胎生产日期的检查　轮胎的使用寿命一般是 3～5 年，检查二手车时，应查看轮胎的生产日期。轮胎生产日期的检查请参见第 1 章 "汽车轮胎的标识" 内容。

3.2　车身漆面的检查

3.2.1　漆膜表面质量的检查

在二手车检测当中，检查漆面情况不单只为了筛选车漆成色的好坏，也为了检查该车背后是否有严重事故而提供思路和佐证。

(1) 漆面色差的查看　后补的油漆，往往色彩不同于原车漆色，一般经电子配漆配出的漆色比原车的漆色鲜艳，而人工调出的漆色多比原漆色调暗淡。如果车龄较长，补漆往往比较多，因而整个车身各个部位颜色都有差异，甚至找不出原车的漆色。

检查漆面色差时，要在光线充足的环境下进行。如果二手车补过漆，且补漆的工艺不好的话，那么色差就会比较明显。一般来说，重新喷漆的部位一般集中于保险杠、翼子板、车门等位置，这些位置最容易出现色差。如图 3-37 所示为前后车门出现色差。

图 3-37　前后车门出现色差

> **小提示**
>
> ◆尽量不要在地下车库或者晚上查看二手车，查看二手车时，要注意看车的时间和环境。

（2）漆面光滑度的触摸　二手车补过漆后，重新补漆的地方会出现不光滑不平整，可以用手感觉出来。尽管补漆后会用砂纸进行水磨来提升平整度，但即便操作再仔细，也无法还原车辆原厂的程度。

当发现漆面异常时，可以采用"摸边"的方式用手去触摸漆面异常部位，逐一触摸车门边（图3-38）、发动机舱盖边缘（图3-39）、后备厢盖边缘（图3-40）、翼子板边缘（图3-41）等漆面异常位置，检查漆面的光滑程度。

如果车辆是原车漆，则不论车辆的哪个部位、哪个边沿，手感都是很光滑的（图3-42）。

只要漆面摸起来有不平滑的，有凹凸不平的，甚至有涩涩的、粗糙的手感，就说明该位置喷漆的可能性比较大了。

图3-38　触摸车门边

图 3-39　触摸发动机舱盖边缘

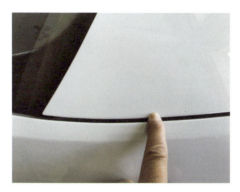

图 3-40　触摸后备厢盖边缘

图 3-41　触摸翼子板边缘

图 3-42　顺滑的漆面

很多有经验的二手车评估人员在查验车辆时,从一开始就用手摸发动机舱盖边缘,就是想知道发动机舱盖是否有重新补过漆。除了触摸部件边缘,漆面是否平整、是否粗糙有细颗粒感也可以摸出来。

（3）敲击覆盖件　车辆发生碰撞后,车身会出现凹坑变形（图 3-43）,需要通过钣金进行修复（图 3-44）,然后刮上腻子（也称原子灰）（图 3-45）,找平后才喷上车漆（图 3-46）。如果碰撞较为严重,刮了腻子的部位有时会很厚重。重新喷过的漆跟原车的厚度是不同的。特别是后喷漆的质量不太好时,就更明显了。

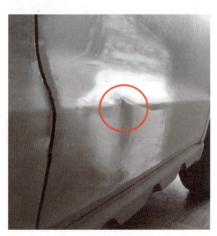

图 3-43　车身出现凹坑变形

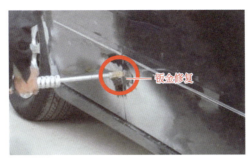

图 3-44 钣金修复

图 3-45 刮上腻子

图 3-46 喷车漆

在查验这种喷漆情况时，可用手指敲击车身（图3-47），此时敲出来的声音就会比原车漆面的沉闷。因为声音来源的性质问题，车身不同部位的回声肯定是不同的。往往腻子部位的回声与金属或者塑料部位的回声是有很大差别的，通常情况下会非常闷，所以可以通过回声是否沉闷来判断补漆情况。

图3-47　用手指敲击车身

当敲击车身时，如果声音发闷，就说明车漆比较厚，估计就是重新喷过漆了。原车的漆面很薄，发出的声音应该比较清脆。

可以通过对比补漆位置周边的部件或者对称的部件来进一步判断。

小提示

◆敲击覆盖件检查是否补漆的方法不适合做了隔声的车辆。

（4）车身平整度的检查　被评估车辆如有大面积撞伤的部位，补腻子的面积比较大（图3-48）。在进行修补打磨时，填补的腻子往往磨不平，因而补过漆后，车身表面看上去如同微微的波浪一样凹凸不平。检查车身平整度时，在车辆的侧面迎光观察效果会更好。

图 3-48　补腻子的面积比较大

（5）补漆质量的检查　补过的漆面往往有如下质量问题：
❶ 漆面丰满度不如原车的油漆。
❷ 油漆表面有流痕。
❸ 油漆表面有不规则的小麻坑。
❹ 油漆表面有小麻点。

车辆成色越好，上述质量问题越少。

原厂漆的质量和平整度是非常统一的。麻点是喷漆时粘上的一些颗粒物，是喷漆过程中有杂物飞进去而造成的鼓包（图 3-49）。这些小颗粒被包在了车漆里面，是擦不掉的，在车面形成麻点。

图 3-49　油漆表面有小麻点

查看漆面上的麻点时，可迎着太阳光线查看。当阳光照到漆面时，漆面上如有麻点，很容易就看得见。

（6）砂纸打磨痕迹的检查　当看不出漆面色差时，可观察有无砂纸打磨的痕迹。车身在喷漆之前，都会先刮腻子。刮完腻子全部用水砂纸打磨（图3-50），或多或少都会留下或粗或细的砂纸打磨的条纹痕迹（图3-51）。砂纸打磨的条纹痕迹需要近距离仔细观察，和原车漆能形成鲜明的对比，仔细看还是可以看到的。

图3-50　用水砂纸打磨

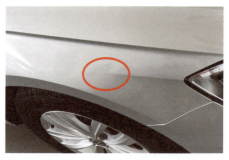

图3-51　砂纸打磨的条纹痕迹

（7）油箱盖上固定螺钉的检查　油箱盖附近一般不会出现刮碰事故，所以在调漆时，以油箱盖作为调漆的样板，可能会将油箱盖拆下拿去调色，以减小喷漆之后出现的色差。在检查二手车是否补过漆时，应查看油箱盖的螺钉是否有拧过的痕迹（图3-52），如果有，可作为该车喷过漆的参考依据。

图3-52　检查油箱盖上的固定螺钉

3.2.2　漆膜厚度检测仪的使用

漆膜厚度检测仪简称漆膜仪，一般也叫涂层测厚仪，顾名思义就是专业用于检测漆膜厚度的仪器。如图3-53所示，漆膜仪有两种款式，一种是分体式的，一种是一体式的，一体式比较常见。

(a) 分体式　　　　(b) 一体式

图3-53　漆膜厚度检测仪

汽车行业里有的事故车会被翻新之后再拿出来卖。虽然翻新后的事故车从外表上看不出有什么区别,但还是存在内在的安全隐患,这样的汽车非常容易引发交通事故。

翻新后的汽车漆膜厚度会比新车的漆膜厚度厚很多,因此可通过漆膜仪来检测汽车漆面的厚度,从而来判断是否为事故车。一般新车的漆膜厚度在 90～180μm,而翻新后的汽车漆膜厚度会大于 180μm,一般可达 200～300μm,有的钣金覆盖件车漆甚至可达 500～900μm。

漆膜仪的操作非常简单,使用时,只需将漆膜仪垂直压在汽车的表面上即可测出汽车漆膜厚度。

(1)车顶厚度的检测　用漆膜仪先检测出汽车的车顶厚度,因为汽车的车顶可以说是最难以受到损坏,所以只需要用漆膜仪先检测出汽车车顶的厚度,即可确定该车漆面厚度基准数值。如图 3-54 所示,用漆膜仪测量出这款汽车车顶的漆膜厚度为 103μm,则说明这整台车的原车漆膜厚度在 103μm 左右。

图 3-54　车顶厚度的检测

(2)发动机舱盖的检测　如图 3-55 所示,汽车发动机舱盖可以取 7 个点来进行测试,因为汽车发动机舱盖的部位是最容易发生碰撞的地方,所以多取几个点进行检测。

图 3-55　取 7 个点检测发动机舱盖

检测发动机舱盖（图 3-56）7 个点后，得到的数据有 110μm、118μm、115μm、106μm、115μm、108μm 和 107μm，然后再把这些数据相加除以测试次数，得出的数据 111μm 就是汽车发动机舱盖的平均漆膜厚度了。

图 3-56　发动机舱盖的检测

（3）汽车侧面的检测　汽车的侧面是很容易被刮伤的部位，如图 3-57 所示，在车门的部位取 6 个点，后翼子板取 3 个点进行检测。

图 3-57　汽车侧面检测点

然后再检测汽车侧面的厚度。汽车侧面首先是车门（图 3-58），测到的数据有 110μm、114μm、118μm、113μm、124μm，将数据相加除以测量的次数，就得出了车门的平均漆膜厚度为 115μm。

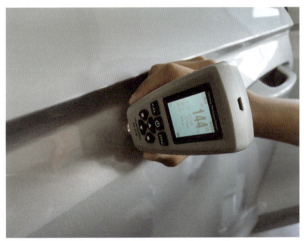

图 3-58　汽车车门的检测

如图 3-59 所示，测量汽车的后翼子板。汽车的后翼子板测到的数据有 115μm、123μm、118μm、120μm、110μm，然后将得到的数据相加除以测量的次数，得出汽车后翼子板的漆膜平均厚度为 117μm。

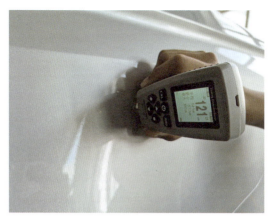

图 3-59　测量后翼子板

（4）汽车尾部的检测　车尾和发动机舱盖一样是发生碰撞的常见位置，可取 4 个点检测。车尾测试点示意图如图 3-60 所示。

图 3-60　车尾测试点示意图

用漆膜仪测量汽车尾部选取的 4 个点（图 3-61），分别是 113μm、118μm、120μm、116μm，然后再把这些数据相加并除以测量次数，得出汽车尾部的平均漆膜厚度为 116μm。

图 3-61　汽车尾部的测量

 小提示

◆汽车尾部比较狭窄的地方，可选用分体式的漆膜仪来检测。

一台正常的汽车漆膜厚度在 90～180μm，通过检测可以判断这台汽车有没有喷过漆的迹象。

在图 3-62 中，检测右车门漆膜厚度为 422μm，说明右车门的漆膜较厚，可以推测该车右边有过划伤或是受到过冲撞并修补过。

图 3-62　右车门漆膜厚度为 422μm

3.2.3 车辆外观件留漆痕迹的检查

在对事故车进行局部喷漆如对车门喷漆时,按照维修工序应该把车门玻璃压条、车门拉手等拆下后再喷漆,但一些维修人员是直接用遮挡的方法把应拆卸的部件用报纸、塑料膜等遮盖(图3-63)。因此,在喷漆施工的过程中难免会有一些油漆留下,这样可在一些连接部位或接缝处等残留油漆痕迹。

图3-63 局部喷漆的遮盖

(1)查看发动机舱盖 检查发动机舱盖边缘处有无残留油漆或者油漆有无色差(图3-64)。

图3-64 查看发动机舱盖留漆痕迹

（2）查看车门把手　由于施工工艺达不到标准，或者是维修工责任心的问题，在对车门喷漆时没有拆下或遮盖好车门把手，会留下喷漆的痕迹（图3-65）。拉开车门把手看油漆痕迹是可以看出来的，所以查看车门把手是一个绝对不能被忽视的方法。

图3-65　查看车门把手留漆痕迹

（3）查看部件缝隙或者边缘　查看部件缝隙或者边缘，比如翼子板与车身的缝隙、后备厢门的边缘、保险杠和前照灯接缝处（图3-66），或者其他有缝隙的边缘地方（图3-67），检查缝隙里面是否有留漆痕迹的情况等。

图3-66　查看保险杠和前照灯接缝处留漆痕迹

图 3-67 有缝隙的边缘地方

(4) 查看玻璃压条　仔细查看所有车门玻璃压条上是否有留漆痕迹（图 3-68）。如果报纸等没遮盖好，当车门喷漆后，会在玻璃压条上留有漆雾（虚漆）。

(a) 无漆雾

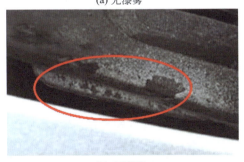

(b) 有漆雾

图 3-68 查看玻璃压条上留漆痕迹

（5）查看有凹凸的位置 人工喷漆通常无法将油漆喷得非常均匀，尤其在这些有凹凸的位置非常容易出现漆面溜挂的痕迹。图 3-69 所示为前保险杠漆面溜挂的痕迹，说明前保险杠的前部发生过碰撞，应重点检查车辆前部是否发生过事故损伤。

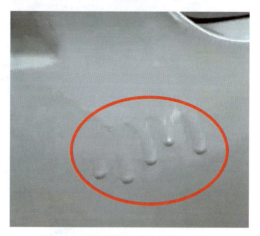

图 3-69　前保险杠漆面溜挂的痕迹

3.3　车身配合间隙的检查

3.3.1　车身配合间隙变化的特点

二手车检查时通过观察车身外观钣金件的配合间隙是否均匀、轮廓线是否平齐等情况，快速、准确地分析判断检验车辆是否为事故修复车，从而正确判断其价格。

车辆发生碰撞后或在修复后，车身钣金件比较容易出现的各种间隙变化：

❶ 发动机盖与两侧前翼子板间隙前部变大。车辆前部受到撞击后，散热器（水箱）框架上横梁将会向后侧发生变形，弧形部位

在撞击力的影响下将会向两侧伸展，整体长度增加，挡泥板前端将会向外侧发生移位变形，从而导致发动机盖与两侧前翼子板间隙前部变大，如图3-70所示。

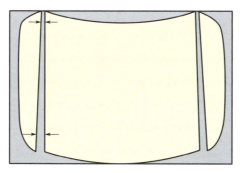

图3-70　发动机盖与两侧前翼子板间隙前部变大

❷ 发动机盖与前翼子板一侧前小后大，另一侧前大后小。多发生于车辆前部侧向撞击。外部表现特征为：撞击侧的发动机盖与翼子板间隙前小后大，另一侧发动机盖与翼子板的间隙则为前大后小。如图3-71所示。

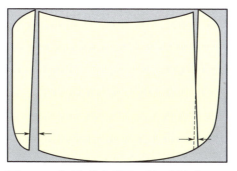

图3-71　发动机盖与前翼子板一侧大小不一

❸ 前翼子板与前车门的间隙上大下小。如果是一些老式车型，或者使用较长时间的车辆，车门铰链磨损，通常是造成这种间隙变化的主要原因。车辆处于支撑状态时，由于前部发动机及其他零部

件的重力作用,也会导致这种间隙变化的现象出现。排除这两种因素的情况下,通常说明挡泥板前端或连同纵梁前端整体向下发生了移位变形。同理,后门与后翼子板缝隙出现上大下小时,通常是后部车身向下发生损伤变形所致,并且后门与车顶梁、下门槛的间隙也将出现不均匀的现象,如图3-72所示。

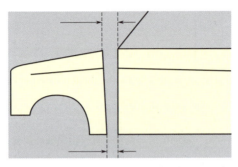

图3-72 前翼子板与前车门的间隙上大下小

❹ 前、后车门缝隙均匀,车身线高度不齐。此种现象在大事故车辆修复过程中,出现的概率较高。主要原因为前后车门高度调整不适,或前立柱与中立柱发生上下高度错位变形。通常,根据前门与前翼子板的车身线对齐情况、后门与后翼子板的车身线对齐情况,以及车门与车顶梁、下门槛的间隙等,就可以判断出是哪个车门高度调整不适,或者哪个车身立柱发生了高度变形,如图3-73所示。

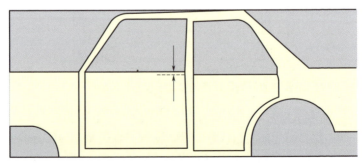

图3-73 前、后车门缝隙均匀,车身线高度不齐

3.3.2 车身前部间隙的检查

车身前部间隙测量点如图3-74所示，要求上下间隙均匀、标准，不同车型标准值有所不同（图中所示值为上海大众途观汽车数据），应参照相关维修手册。

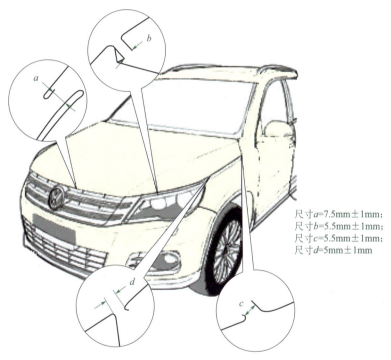

尺寸a=7.5mm±1mm；
尺寸b=5.5mm±1mm；
尺寸c=5.5mm±1mm；
尺寸d=5mm±1mm

图3-74 车身前部间隙测量点

3.3.3 车身中部（侧部）间隙的检查

车身中部（侧部）间隙测量点如图3-75所示，要求上下间隙均匀、标准，不同车型标准值有所不同（图中所示值为上海大众途观汽车数据），应参照相关车辆的维修手册。

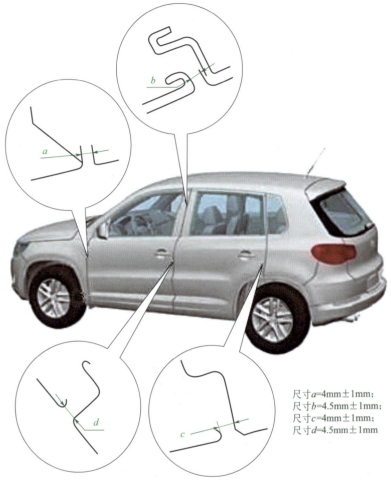

尺寸a=4mm±1mm；
尺寸b=4.5mm±1mm；
尺寸c=4mm±1mm；
尺寸d=4.5mm±1mm

图 3-75 车身中部（侧部）间隙测量点

3.3.4 车身后部间隙的检查

车身后部间隙测量点如图 3-76 所示，要求上下间隙均匀、标准，不同车型标准值有所不同（图中所示值为上海大众途观汽车数据）。

第 3 章 事故车的鉴定

尺寸 a=7mm±0.5mm;
尺寸 b=3mm±1mm;
尺寸 c=3.5mm±0.5mm;
尺寸 d=6mm±1mm;
尺寸 e=1mm±1mm;
尺寸 f=5mm±1mm

图 3-76 车身后部间隙测量点

3.3.5 车身腰线的检查

图 3-77 所示为车身腰线的检查。可在车身 45° 方向观察车身线条是否整齐，漆面是否平整。

图 3-77　车身腰线的检查

3.4 车身骨架的检查

3.4.1 车身骨架简介

（1）**车身骨架组成**　汽车车身是由各种各样的骨架件和钣件通过焊接拼装而成的。车身骨架（图 3-78）是一切车身部件的安装基础，通常是指纵、横梁和支柱等主要承力元件以及与它们相连接的钣件共同组成的刚性空间结构，是为乘客提供空间和安全的有效保证。

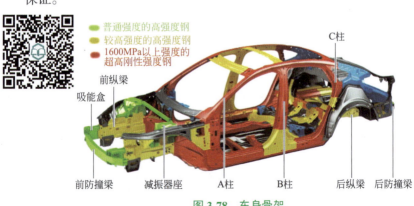

图 3-78　车身骨架

(2) A、B、C柱　A、B、C柱不仅是撑起驾驶舱车顶的金属柱,并且对驾驶舱内的乘员有重要的保护作用,在车辆发生翻滚或倾覆的时候,A、B、C柱能够有效避免驾驶舱被挤压变形(图3-79)。

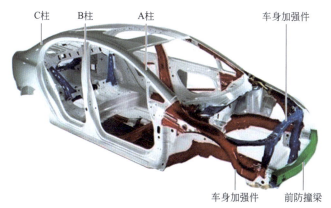

图3-79　A、B、C柱及车身加强件

大部分车辆的A、B、C柱是和车身包括车架一体化的,安全性大大提高。A、B、C柱上有部分电气线路、安全带(B柱)、照明音响装置,还有一些车辆安装有安全气囊。另外,两厢车长厢版都有D柱(图3-80)。

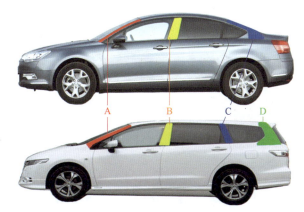

图3-80　A、B、C、D柱位置

A、B、C 柱的强度对驾乘人员的人身安全有重要意义。A、B、C 柱一旦受损，车辆如再次碰撞时很有可能会由于刚性不足而危及生命安全，所以，二手车检查的过程中也应重点检查 A、B、C 柱。

3.4.2　A 柱的检查

由于 A 柱比较靠前，当车辆受到前方严重撞击或者侧方撞击时，A 柱很有可能发生变形。

❶ 如图 3-81 所示，查看 A 柱表面是否有凹凸不平的地方，或者是重新刮腻子和补漆的痕迹。

图 3-81　查看 A 柱表面

❷ 打开 A 柱密封条，观察里面的焊点是否都清晰可见。原厂的焊点都是凹进去的圆点（图 3-82），而且每个焊点都十分光滑，每个焊点间隔都相同。

图 3-82　原厂的焊点

如果发现 A 柱金属框架与焊点有钣金修复的迹象，发现焊点比较模糊而且粗糙，焊点也不平整或者没有原厂的焊点（图 3-83），那就是修复后用腻子给填平了，可以判定这辆车的 A 柱有可能受过撞击。

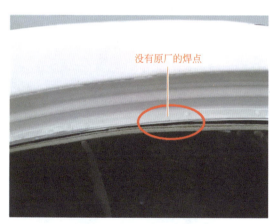

图 3-83　A 柱没有原厂的焊点

❸ 扒开胶条后查看 A 柱如有切割的痕迹（图 3-84），则可判定前车门处已经发生过伤及骨架的碰撞。

有些车因为事故比较严重，所以会采取换新件和切割的方法来修复。对于这样的车，应该找准切割点来检查，切割之后都会焊接，只要是焊接一定会有痕迹。检查的技巧就是，焊点在哪里消失的,哪里就是切割的位置。

图3-84 A柱有切割的痕迹

❹ 检查A柱上面的螺栓是否有拧动的痕迹(图3-85),还可检查车门是不是拆装过。

图3-85 检查A柱上面的螺栓痕迹

❺ 用漆膜厚度检测仪测量A柱漆面厚度(图3-86),检查漆面

的厚度是否符合规定值。

图 3-86　用漆膜厚度检测仪测量 A 柱漆面厚度

❻ 图 3-87 所示为车身 A 柱及门铰链的检查。检查车身 A 柱及门铰链是否有维修的痕迹。

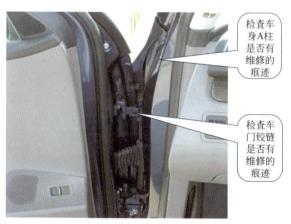

检查车身A柱是否有维修的痕迹

检查车门铰链是否有维修的痕迹

图 3-87　车身 A 柱及门铰链的检查

3.4.3　B 柱的检查

B 柱的检查和 A 柱相差不大。

❶ 目测检查 B 柱外观是否有维修的痕迹（图 3-88）。

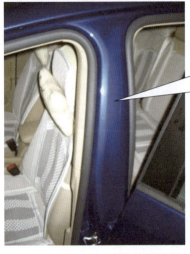

图 3-88　B 柱外观的检查

❷ 用漆膜厚度检测仪检测 B 柱漆面的厚度（图 3-89）。

图 3-89　用漆膜厚度检测仪检测 B 柱漆面的厚度

❸ 检查 B 柱密封条下的金属框架与激光焊点（图 3-90）。

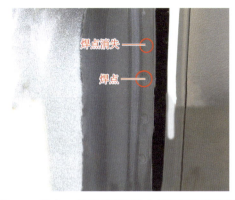

图 3-90　检查 B 柱密封条下的金属框架与激光焊点

❹ 检查 B 柱铰链部分。检查 B 柱时，要特别注意检查中间位置的铰链部分（图 3-91）。当打开前门的时候就可以看到 B 柱中间位置的铰链，因为一旦车辆受到来自侧面的撞击，会造成 B 柱变形，这个位置的铰链也一定会发生变形，严重的甚至要切割更换。当检查时，如果发现铰链有明显变形，或者铰链上的螺栓有被拧动过的痕迹，那么这辆车的 B 柱有可能受过伤。

图 3-91　检查 B 柱铰链部分

另外，由于B柱上的铰链处于十分隐蔽的位置，车辆在长时间使用过程中，铰链内侧都会有尘土积垢等痕迹（图3-92）。如果在检查时发现铰链十分新，漆面也十分光亮（与外观车漆几乎相同），那么这个铰链有可能是新换的。

图3-92　B柱的铰链有尘土积垢

❺ 查看B柱上是否贴有车辆铭牌或轮胎气压值标签。有的车辆出厂时，在B柱上贴有车辆铭牌或轮胎气压值标签（图3-93）。由于这些标签大都是一次性的，当B柱修复后，大都缺失了。如果查看车辆时B柱上没有这些原车的标签，则说明该车的B柱被修复过。

图3-93　B柱上贴有车辆铭牌或轮胎气压值标签

❻ 查看 B 柱上锁具部分是否有维修痕迹。如果车辆侧面受到严重碰撞，B 柱上锁具部分可能会有位移的痕迹或喷漆修补的痕迹（图 3-94）。

图 3-94　查看 B 柱上锁具部分是否有维修痕迹

3.4.4　C 柱的检查

当车辆受到来自后方或者侧后方的撞击时，位于车辆后方的 C 柱极容易产生损伤变形（图 3-95）。

❶ C 柱的外观检查（图 3-96）。仔细查看 C 柱的外观是否变形或有修复的痕迹。

❷ C 柱的漆膜厚度检查（图 3-97）。用漆膜仪测量 C 柱的漆膜厚度是否符合规定。

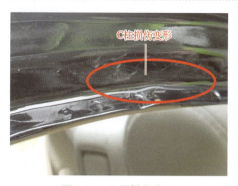

图 3-95　C 柱损伤变形

图 3-96　C 柱的外观检查

图 3-97　C 柱的漆膜厚度检查

❸ C柱内缘的检查。拨开密封胶条查看C柱内缘有无焊点异常或切割痕迹（图3-98）。

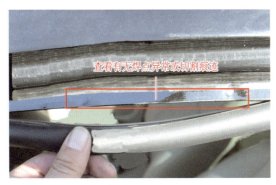

图3-98　拨开密封胶条查看C柱内缘有无焊点异常或切割痕迹

❹ 查看C柱与车顶结合处有无钣金修复或切割等痕迹（图3-99）。

图3-99　查看C柱与车顶结合处有无钣金修复或切割等痕迹

❺ 查看后备厢两侧上的金属框架。打开后备厢（行李箱）盖查看后备厢两侧上的金属框架是否有变形或者钣金修复的迹象（图3-100），其次查看这里的激光焊点是否规整。如果发现框架有钣金修复的迹象，焊点也不规整，那么这辆车很有可能受到过来自于后方的撞击，也有可能伤及C柱。

❻ 左右翼子板后端内侧的胶质的检查。在检查时，可以用手指甲掐一掐左右翼子板后端内侧的胶质（图3-101），看下胶质是否均匀完整，有没有龟裂的情况。如果发现胶质有断裂或者重新涂抹的痕迹，那么有可能就是C柱受到损伤修复之后造成的。

图 3-100　查看后备厢两侧上的金属框架

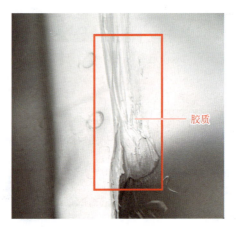

图 3-101　检查左右翼子板后端内侧的胶质

3.4.5　前、后纵梁的检查

汽车的纵梁分为前纵梁和后纵梁，前纵梁位于汽车发动机前机舱下方，后纵梁位于后备厢下方。

前纵梁是两根分别位于两边的纵梁组合而成的，其主要作用是承载发动机和分散吸收事故撞击的能量。纵梁的材料多用低合金钢板冲压成形，断面为槽形或工字形。在纵梁的前方有一个吸能盒（图3-102），为多边形闭合筒身，前端焊接在前防撞梁上，后端焊接法兰盘，通过螺栓固定在车身前纵梁前端。吸能盒上有一个溃缩引导槽，一旦发生碰撞吸能盒就会产生溃缩，这样吸能盒就会有折痕，即使修复之后也很容易看出来，所以前纵梁是排查事故车的重要区域。

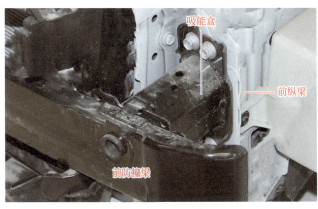

图 3-102　吸能盒

❶ 检查纵梁是否有变形。纵梁要是发生过碰撞挤压，那么肯定会有变形和褶皱的痕迹，甚至还会有破损（图 3-103）。

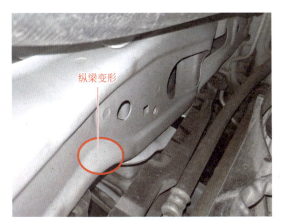

图 3-103　检查纵梁是否变形

手把手教你鉴定·评估·交易二手车

❷ 检查纵梁是否有生锈。一般年份比较长的车，纵梁才会出现生锈的迹象。时间不长的车，只是局部出现生锈的情况。纵梁受伤的车会产生局部生锈现象（图3-104）。

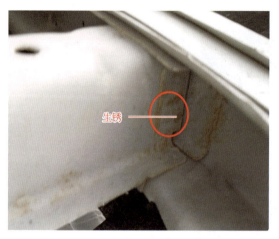

图3-104 纵梁局部生锈

小提示

◆不是所有纵梁生锈的车都是事故车。

❸ 观察梁头是否正常。如果梁头有不正常的褶皱和凹坑，并且梁头的螺栓也拧动过（图3-105），这说明纵梁有受损的可能。同样，梁身应该是没有褶皱而且是严丝合缝的，要是有开裂的情况，那就是不正常的了。

❹ 检查吸能区域。车辆碰撞后，吸能区域将会按照厂家的设计要求，出现隆起或凹陷变形（图3-106）。吸能区域是目测损伤诊断的首要检查部位，变形与否通常可以说明车辆的使用情况。

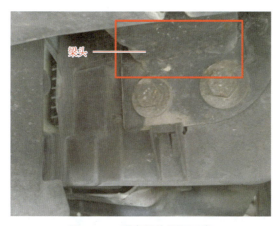

图 3-105　观察梁头是否正常

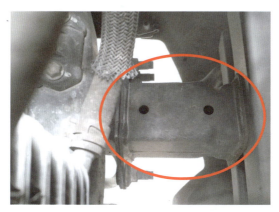

图 3-106　吸能区域的检查

❺ 油漆层开裂的检查。一些严重的碰撞事故中，远离直接撞击点的形变区域、转角部位等，有可能会出现油漆层开裂现象（图 3-107）。说明损伤已经波及这些范围，应力通常集中于此。

❻ 当发现一侧翼子板的车漆厚度数值很高，可打开发动机舱，重点检查每一侧的减振器座螺栓是否被拆卸过，一般拆卸过的螺栓都会有拧动、生锈的痕迹（图 3-108）。

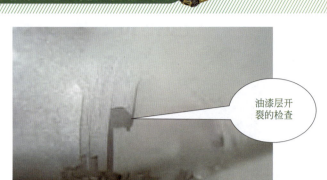

图 3-107　油漆层开裂的检查

图 3-108　检查减振器座螺栓

❼ 检查减振器座上的油漆。在减振器座上，原车出厂时还会喷上油漆（图3-109），一部分在零件上，一部分在螺栓上，如果发现油漆断裂了，那么基本也能判断悬架被拆过了，不过这也不能判断就是事故车，也有可能是改装过的，这时候就要结合维修保养记录跟保险记录来判断。

图 3-109　检查减振器座上的油漆

❽ 检查减振器座跟翼子板是否有钣金修复、切割痕迹（图 3-110），如果有这种痕迹，那么基本上就可以判断这是一台遭遇过重大撞击的事故车。

图 3-110　检查减振器座跟翼子板修复痕迹

❾ 检查防腐胶（钣金胶）是否开裂。结构件部位钣金胶如果

开裂（图3-111），说明撞击力已传递到这些部位，车身已有一定的损伤。

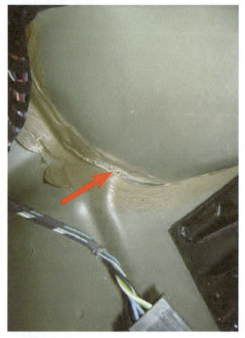

图3-111　防腐胶（钣金胶）的检查

3.5　车辆内饰的检查

车辆内饰的检查部件主要包含座椅、转向盘、仪表台、车门内饰板、车顶、地毯等（图3-112），检查的内容一般就是看这些部位的磨损、新旧程度，有没有破损或者拆装和换新，以及各个地方的按键是不是已经失灵等。一般通过检查车辆内饰的磨损情况，可以大致判断出这台车的行驶里程，也可以判断出车主对车辆的爱惜程度，以及车辆是否及时保养。

图 3-112　车辆内饰的检查部件

3.5.1　车门内饰板的检查

车门内饰板（图 3-113）的检查，主要看门板扶手（图 3-114）、电气开关按键（车窗玻璃开关按键见图 3-115、车门后视镜开关见图 3-116、车门开关见图 3-117）的磨损状况及有无翻新等。

图 3-113　车门内饰板的检查

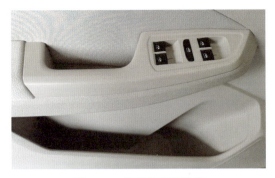

图 3-114　门板扶手的检查

图 3-115　车窗玻璃开关按键

图 3-116　车门后视镜开关

图 3-117　车门开关

3.5.2　转向盘磨损情况的检查

转向盘主要检查 3 点钟和 9 点钟位置的磨损情况（图 3-118），这也是判断调表车的一个依据。一般这两个地方经常用手去接触，时间长了这个部位就会发亮，由此可以判断行驶里程。

图 3-118　转向盘磨损情况的检查

3.5.3 驾驶人座椅的检查

驾驶人座椅主要看是否有破损及磨损印痕（图3-119），另外还要检查座椅的弹性（图3-120）。座椅在使用一定年限后，弹性会变差，并有塌陷感。

图3-119　检查驾驶人座椅是否有破损及磨损印痕

图3-120　检查座椅的弹性

3.5.4 变速杆磨损情况的检查

变速杆特别是手动变速器的变速杆磨损程度过大（图 3-121），则说明驾驶者使用过于频繁，车辆的实际行驶里程不会太低。

图 3-121　手动变速器的变速杆磨损程度过大

3.5.5 踏板磨损情况的检查

检查离合器踏板、制动器踏板及油门踏板的磨损情况（图 3-122），如果磨损程度过大，则说明驾驶者使用过于频繁。

图 3-122　踏板磨损情况的检查

3.5.6　安全带的检查

❶ 观察安全带磨损程度和颜色,判断使用频率。使用年限较短的安全带光亮新鲜(图3-123)。安全带一般很少清洗,用手经常拉拽的位置会比其他位置旧,使用年限越长的车就越明显(图3-124)。

图3-123　使用年限较短的安全带

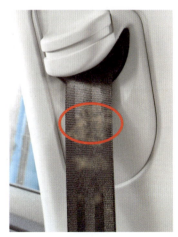

图3-124　使用年限长的安全带

❷ 观察安全带卡扣使用是否正常、是否磨损严重（图3-125）。

图3-125　观察安全带卡扣

❸ 把安全带抽到底，直到不能再往外抽为止，观察是否有水渍，是否干净（图3-126），最底部是机洗洗不到的。

图3-126　观察安全带抽到底的使用情况

❹ 检查安全带的标签和生产日期（图3-127）。原车安全带的生产日期应该早于整车的出厂日期，如果晚于整车的出厂日期，说明安全带更换过，判断该车可能出过严重事故。

图 3-127 检查安全带的标签和生产日期

3.5.7 杂物箱的检查

检查杂物箱有没有破损、裂纹、泥沙等（图 3-128）。杂物箱内部属于比较隐蔽的位置，有些事故车为节约维修费用，对杂物箱隐蔽的部位做了些简单的处理，要是发现这些地方有裂纹或者焊接的痕迹，就是事故车，要是有泥沙，有可能就是一辆水泡车。

图 3-128 杂物箱的检查

3.5.8 车顶内饰的检查

检查车顶内饰（图3-129）新旧程度、有无损伤、是否翻新过。翻新过的车辆车顶内饰往往会留下一些痕迹。如果车辆内饰很脏，而车顶内饰很新，说明车顶内饰翻新过。

图3-129 车顶内饰的检查

3.6 发动机舱的检查

3.6.1 发动机舱钣金件的检查

（1）发动机舱盖的检查

❶ 查看发动机舱盖边缘是否平整、有无明显弯曲不对称的痕迹（图3-130）。一般发生正面碰撞都会伤及机舱盖，会造成机舱盖周边扭曲变形。

❷ 检查有隔声棉车型的塑料卡扣。安装有隔声棉的车型，在对发动机舱盖钣金喷漆时，会拆卸隔声棉。检查这种车辆时，应查看隔声棉边缘有无拆除痕迹，固定隔声棉的塑料卡扣是否动过，有

没有缺失（图 3-131）。

图 3-130　查看发动机舱盖

图 3-131　检查隔声棉和塑料卡扣

❸ 查看单板孔的发动机舱盖是否有变形现象（图 3-132）。发动机舱盖上有一些单板孔，一定要查看单板孔是否有变形，如果有变形，那肯定是有整形烤漆修复过。

❹ 查看发动机舱盖铰链螺栓。检查发动机舱盖铰链处的螺栓是否有拧动的痕迹（图 3-133），拧动后的螺栓边角会有掉漆、棱角不分明的现象（图 3-134），很容易看出。有种情况就是会在拧动的螺栓上再喷一层薄漆（图 3-135），掩盖拧动的痕迹，这种

情况下螺栓会有两层油漆的痕迹，只要仔细看还是能看出蛛丝马迹的。

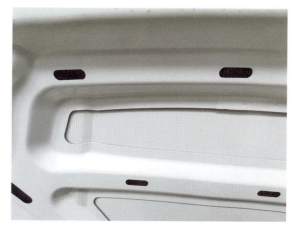

图 3-132　查看单板孔

图 3-133　查看发动机舱盖铰链

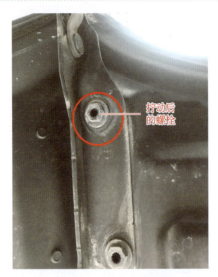

图 3-134 拧动后的螺栓

图 3-135 喷一层薄漆的拧动后的螺栓

小提示

◆如果发动机舱盖铰链上的固定螺栓拧动过,发动机舱盖又没有修复过的痕迹,则发动机舱盖可能是更换过。

❺ 查看发动机舱盖上的胶条。正常原厂胶条宽度均匀，按压时略有弹性，在舱盖上四个边都有胶条（图3-136）。舱盖原厂胶条，碰撞发生后通常会被拆开，而原厂胶条拆开是比较难修复的，假如看到某段胶条有拆开痕迹，要检查这个部位对应的发动机舱部件是否有修复、变形的现象。

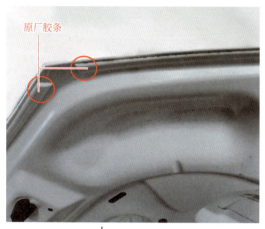

图3-136　发动机舱盖上的原厂胶条

小提示

◆后换的发动机舱盖要么是没有胶条，要么是胶条打得不均匀，手法粗糙，没有一气呵成的美感。

◆有些修复车的胶条是用腻子做的，摸起来很硬，而且做的胶条周围会有喷漆后留下的飞漆痕迹。

（2）**散热器框架的检查**　散热器框架在发动机舱的靠前位置，当车辆发生交通事故后很容易变形，所以检测时要观察散热器框架是否有修理的痕迹。

❶ 检查散热器框架整体是否平整、有没有变形，框架上的螺

栓是否有松动或者缺失（图3-137）。如果螺栓有明显被拧动的痕迹，那么几乎可以断定这辆车发生过事故且更换过散热器框架。

图3-137 检查散热器框架

❷ 检查散热器框架上的标签。大多数原厂的散热器框架上会贴有一些标签（图3-138），但是副厂件没有标签。所以当我们发现散热器框架上没有标签，或者上面的标签有些歪曲，可能是更换了散热器框架。

图3-138 检查散热器框架上的标签

（3）发动机支撑（基座）螺栓的检查　发动机一般有三处支撑，是通过螺栓将发动机固定在车身纵梁上的。检查时重点查看发动机支撑螺栓是否有拧动的痕迹（图3-139）。如有拧动痕迹，基本上有以下几种情况：

❶ 发动机维修。
❷ 更换支撑橡胶垫（俗称机爪垫）。
❸ 由于事故，需维修纵梁。

图3-139　发动机支撑（基座）螺栓的检查

（4）减振器座的检查　减振器座是一个重要的检查部件（图3-140）。如果减振器座变形，会影响车辆的减振效果和悬架的角度，从而改变车轮的定位参数，引起行驶跑偏、转向沉重、转向不回正、吃胎等故障。

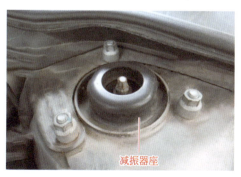

图3-140　减振器座

❶ 检查减振器座,观察减振器座周围的胶体有没有开裂或者修复的痕迹(图 3-141)。

图 3-141　观察减振器座周围的胶体

❷ 检查减振器座螺栓是否有拧动痕迹。看减振器座是否有拧动痕迹,可以看上面的漆线(图 3-142),原车在出厂的时候会在螺栓上画一条线,假如拧动螺栓这条线会有移位。

图 3-142　检查减振器座螺栓

小提示

减振器座螺栓有拧动痕迹也不一定是有事故了，可能是修理或更换了悬架。可结合其他因素来进一步判断。

3.6.2 发动机使用情况的检查

（1）**发动机舱清洁度的检查**　打开发动机舱检查发动机舱外部清洁情况，如发动机舱有少量灰尘和油迹属正常情况（图3-143）。

（发动机外部灰尘和油迹过多）

图3-143　查看发动机舱的清洁度

如灰尘太多可能是车主用车强度大且不注意保养，这类车一般磨损很严重；如一尘不染，则可能是车主或车商故意靠清洁来掩饰车辆存在的问题。

（2）**发动机舱内线束的检查**　发动机舱内的线束要着重检查，很多时候汽车自燃都是线路短路造成的（图3-144）。当检查发动机舱时，一定要看看发动机舱内的线束是否存在老化、破裂、短路、布局不规整等现象，如果碰到具有此类现象的二手车，要谨慎购买。

图 3-144　发动机舱内线束检查

（3）发动机油迹的检查　检查发动机主要部位是否有油迹，如曲轴油封、凸轮轴油封（图 3-145）等处。如有油迹，说明该处的油封已老化。

图 3-145　凸轮轴油封检查

（4）蓄电池的检查　现在汽车用蓄电池大多数为免维护蓄电池，一般使用寿命为 3～4 年，如果维护得好，寿命可能更长一些。

❶ 蓄电池工作状况的检查。免维护蓄电池盖上一般都设有观察窗（图 3-146），观察窗下面有一个电量指示器（液体密度计），可以直接通过观察窗观察电量指示器的颜色，来确认蓄电池工作状况，如图 3-147 所示。

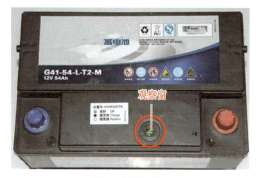

图 3-146 蓄电池盖上观察窗的位置

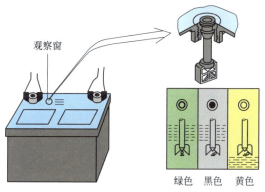

图 3-147 从观察窗检查蓄电池工作状况

观察窗中电量指示器颜色说明：
◆绿色，表示蓄电池的技术状况良好；
◆黑色，表示电解液密度偏低，应对蓄电池进行补充充电；
◆黄色，表示电解液液面过低，蓄电池已不能继续使用。

小提示

◆不同品牌蓄电池规定的观察窗中电量指示器颜色代表含义也不同。

❷ 蓄电池电解液液面高度的检查。对于透明壳体的蓄电池，壳体均标有上、下刻度线（图3-148），可以从外部观察到蓄电池内电解液液面与壳体上、下刻度线的关系。电解液液面高度的标准值应在壳体的上、下刻度线之间。若液面接近或低于下刻度线，说明车辆维护不当，蓄电池使用时间已较长。

图3-148　电解液液面高度刻度线

❸ 检查蓄电池在车上的固定是否良好，注意检查外壳表面是否存在磕碰伤（图3-149）。

图3-149　检查蓄电池外壳表面是否存在磕碰伤

❹ 检查蓄电池正负极导线是否连接可靠（图3-150），蓄电池极桩上是否有氧化物（图3-151）。

第3章 事故车的鉴定

图 3-150　检查蓄电池正负极导线是否连接可靠

图 3-151　蓄电池极桩上的氧化物

(5) 机油的检查

❶ 机油油面高度检查。拔出发动机上的机油尺,用抹布擦拭后,重新将机油尺完全插入,再次拔出机油尺观察,读出机油油位。机油油位处于机油尺的上限与下限之间(图 3-152),说明不缺少机油。目前一些高档汽车采用电子机油标尺(图 3-153),可直观地显示机油油位。如果油位过低,应向原车主了解上次更换机油的时间和间隔里程,如果时间和间隔里程正常,说明发动机烧机油;如果机油平面过高,说明发动机严重窜气或有冷却液渗入机油内。

图 3-152　机油尺的油位标记

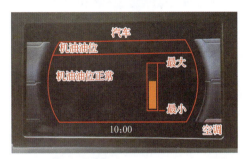

图 3-153　电子机油标尺

❷ 机油颜色的检查。机油加入发动机后，车辆使用一段时间机油颜色会变黑（图 3-154），这是正常的。如果机油颜色变灰、变白或有乳化现象，说明机油中混入了冷却液，可能是发动机冷却系统和燃油系统有连通泄漏的情况。

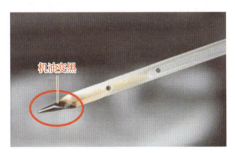

图 3-154　使用一段时间机油颜色会变黑

❸ 机油加注口盖的检查。拧下机油加注口盖,将它翻过来观察底部,正常情况下是比较干净的(图 3-155)。如果盖底面有一层黏稠的乳白状物(图 3-156),还有与油污混合的小水滴,可能是气缸垫、气缸盖或气缸体有损坏处,导致冷却液渗入机油中,就是通常说的机油进水。如有这种情况出现,发动机可能需要大修。

图 3-155　正常的机油加注口盖

图 3-156　盖底面上的乳白状物

❹ 气门室内油泥的检查。通过机油加注口观察气门室内是否有油泥(图 3-157),如果有这种情况发生,可判断车辆的保养状况较差,机油更换不及时。当发现油泥过多时,发动机可能需要大修。

图 3-157 从机油加注口观察气门室内的油泥

❺ 一些行驶里程较长的车辆,机油滤清器座的密封垫会老化渗漏,油底壳垫以及发动机上一切密封垫都会存在老化渗漏的问题。所以,检查密封垫渗漏只需检查发动机底部是否干爽;如有渗漏,寻找渗漏的相关部位,如图 3-158 所示。

图 3-158 检查机油滤清器座、油底壳螺塞的渗漏情况

(6) 冷却系统的检查

❶ 冷却液液面高度的检查。在发动机冷态下检查膨胀水箱(壶)中冷却液的液面高度,冷却液液面正常的高度应在膨胀水箱表面上的 max(最高)与 min(最低)标线之间(图 3-159),否则可判断车辆的保养不及时。

图 3-159 冷却液液面高度的检查

❷ 冷却液状况的检查。打开散热器盖(一些车没有散热器盖)或膨胀水箱盖(图 3-160),注意观察冷却液表面是否有异物飘浮,如锈蚀的粉屑、油污等。如果发现浮起的异物是锈蚀的粉屑,说明散热器内的锈蚀情况已经很严重;如果发现有油污浮起,可能有机油渗入到冷却液内,一般可认为气缸垫处密封不严。一旦发现有上述情况,都表明该车的发动机状况不是很好,需特别注意。

图 3-160 冷却液状况的检查

(7) 空气滤清器的检查 打开空气滤清器盖,检查空气滤清器滤芯(图 3-161),如果灰尘很多,滤芯很脏,则表示该车使用程度较高，而且车辆的保养也较差，没有定期更换滤芯。

图 3-161　取出空气滤清器滤芯

（8）变速器油的检查　变速器油的检查大多是通过油尺来进行（图 3-162），如果油位过低，则表示应该补充油液了，但也可能表示有漏油的情况产生。如果在自动变速器的油尺上闻到油液上有焦煳味，表示变速器磨损较严重，后续可能需要进一步维修。

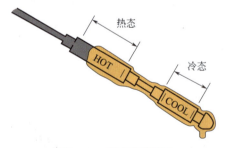

图 3-162　检查变速器油

3.7　底盘的检查

车辆底盘检查要用举升机举升车辆或将车辆开进地沟后再进行。

❶ 如图3-163所示,检查发动机橡胶支撑是否变形、损坏,检查发动机与传动系的连接情况;图3-164所示为检查燃油管路。燃油箱及燃油管路应固定可靠,不得有渗、漏油现象;燃油管路与其他部件不应有磨蹭现象;软管不得有老化开裂、磨损等异常现象。

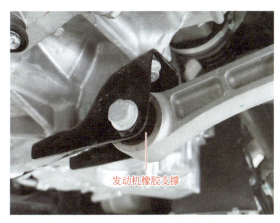

图3-163 检查发动机橡胶支撑

图3-164 检查燃油管路

❷ 如图3-165所示,检查半轴各连接部位是否有松旷、变形等现象。

图 3-165　检查半轴

❸ 如图 3-166 所示，检查转向横拉杆有无裂纹和损伤，有无拼焊现象。检查转向横拉杆球头销是否松旷、连接是否可靠，各运动部件在运动中有无干涉、摩擦现象。

图 3-166　检查转向横拉杆

❹ 如图 3-167 所示，检查车架是否有裂纹和影响车辆正常行驶的变形，螺栓和铆钉不得缺少和松动，车架不得进行焊接加工。

❺ 如图 3-168 所示，检查下摆臂是否有变形、裂纹。

图 3-167　检查车架

图 3-168　检查下摆臂

❻ 如图 3-169 所示，检查排气管、消声器是否齐全及固定情况，有无破损和漏气现象。

❼ 如图 3-170 所示，检查制动总泵、分泵、管路，不得有漏气、漏油现象；软管不得有老化开裂、磨损异常等现象。

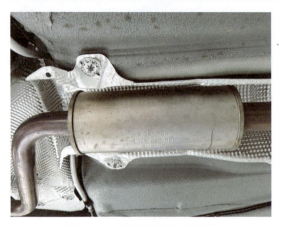

图 3-169　检查排气管、消声器

(a) 检查制动总泵

(b) 检查制动分泵

(c) 检查制动管路

图 3-170　检查制动总泵、分泵和管路

❽ 如图 3-171 所示，检查底盘下面的电气线路，所有电气导线均应捆扎成束、布置整齐、固定卡紧、接头牢固并有绝缘套，在导线穿越孔洞时需装设绝缘套管。

图 3-171　检查底盘下面的电气线路

❾ 如图 3-172 所示，检查减振器及悬架。可用手在汽车前后左右角分别用力下压，如放松后汽车车身能回弹，并能自由跳动 2～3 次，说明该系统正常。如出现异响或不能自动跳动，则说明该减振器或悬架系统的弹簧等部件工作不良，舒适性自然就会变差。

图 3-172　检查减振器及悬架

❿ 检查手动变速器外观。如图 3-173 所示，检查变速器输出轴的油封，是否有渗漏情况。

图 3-173　检查手动变速器输出轴油封

⓫ 从图 3-174 中可以看到手动变速器放油螺塞密封垫有轻微渗漏。对于轻微渗漏，可先使用清洗剂清洗渗漏部位后试车，再确定是否还有渗漏。如还有渗漏，就要更换该密封垫。

图 3-174　手动变速器放油螺塞密封垫轻微渗漏

⑫ 发动机底部扭力杆的橡胶支座如果开裂会导致车辆在行驶过程中有异响,并使乘坐舒适性下降。橡胶支座的检查方法很简单,找个一字旋具(螺丝刀),如图3-175所示撬动橡胶支座看橡胶是否开裂即可。

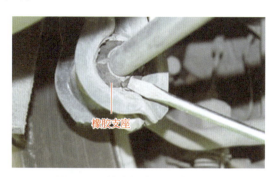

图3-175 检查扭力杆的橡胶支座

⑬ 如图3-176所示,检查半轴防尘套。防尘套的作用是保护充满润滑脂的万向节,如防尘套破损则会加速万向节损坏。

图3-176 检查半轴防尘套

⑭ 如图3-177所示,目测检查后悬架摆臂橡胶支座是否损坏。

检查时,可撬动后悬架摆臂橡胶支座,查看是否松旷。前后轴悬架各拉杆或者摆臂两端都会有橡胶支座,每一个橡胶支座的损坏都会影响车辆的操控性以及驾乘舒适性。

图3-177　后悬架摆臂橡胶支座的检查

⑮ 减振器漏油的检查。一些行驶里程较长的车辆会出现减振器漏油的情况。减振器漏油时,会有油渍位于减振器下部(图3-178)。减振器漏油会使减振器性能下降。如漏油严重,建议更换相关减振器。

⑯ 检查减振器顶部的减振胶。如图3-179所示检查减振器顶部的减振胶。车辆行驶里程较长的话,此减振胶会老化开裂,导致减振器传到车身的振动变大,噪声变大。

⑰ 车轮及轮胎的检查。轮胎作为车辆唯一接地的部件,其重要性不言而喻。在二手车检查中,轮胎检查是其中重要的项目之一。在检查轮胎时,一般还会同时检查车轮轴承的工作情况和制动摩擦片的厚度。

图3-180所示为车轮轴承的检查。前后摆动车轮,感觉是否有较大的间隙,如果间隙较大,说明车轮轴承已松动或已磨损。

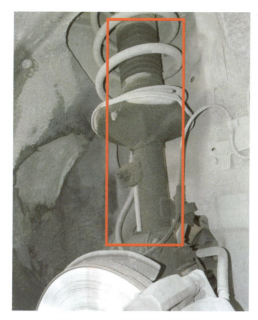

图 3-178 减振器漏油的检查

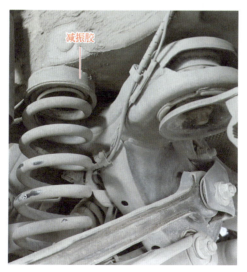

图 3-179 检查减振器顶部的减振胶

图 3-180　车轮轴承的检查

图 3-181 所示是使用专用的制动摩擦片检测笔检测制动摩擦片的厚度。制动摩擦片厚度应不超过极限值。

图 3-181　检测制动摩擦片的厚度

如图 3-182 所示，当轮胎花纹磨损接近磨损标记后则需要更换轮胎。除了轮胎花纹磨损标记，若轮胎胎面出现异常磨损的情况，还需要确定四轮定位参数是否正确。

图 3-182　轮胎的磨损标记

3.8　行李箱的检查

行李箱（图 3-183）主要检查是否有过追尾事故。检查的内容包括是否有修复痕迹、备胎工具是否齐全、密封条是否原装等。

图 3-183　行李箱

3.8.1 行李箱盖的检查

❶ 打开行李箱盖,观察行李箱盖内侧有没有钣金、喷漆的痕迹(图3-184)。

图 3-184　观察行李箱盖内侧

❷ 观察行李箱盖边缘打胶情况,没有因事故修复过的车辆打胶均匀、平整光滑(图3-185),修复过的车辆打胶粗糙不平整(图3-186)。

图 3-185　打胶均匀

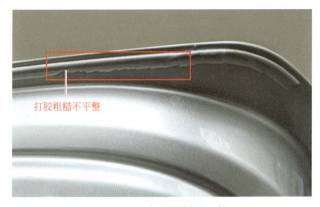

图 3-186 打胶粗糙不平整

❸ 观察行李箱盖铰链螺栓有没有拧动过。没拧动过的螺栓上没有痕迹（图 3-187），油漆颜色与车身车漆颜色一样；拧动过的螺栓会留下痕迹（图 3-188）。

图 3-187 没有拧动过的行李箱盖铰链螺栓

图 3-188　拧动过的螺栓

3.8.2　行李箱备胎箱及底板的检查

❶ 把行李箱盖板取下，检查备胎箱有没有钣金、喷漆的痕迹（图 3-189）。

图 3-189　检查备胎箱

❷ 检查行李箱备胎座。轿车行李箱的备胎底板是冲压成形的部件，棱角分明（图3-190）。

图3-190　行李箱备胎底板的检查

把备胎拿出来之后仔细查看备胎底板是否有钣金敲击过的痕迹，如果看到备胎底板有更换或者敲击复位的痕迹（图3-191），则这辆车后部一定有过事故。

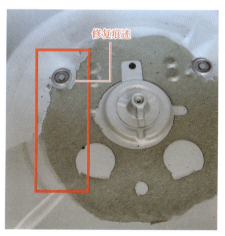

图3-191　修复过的行李箱的备胎底板

❸ 检查行李箱备胎底板周围的打胶情况。车辆如果发生比较严重的撞击事故后,一般都会更换行李箱备胎底板,可通过仔细检查行李箱备胎底板周围的打胶情况来判断是否更换过。更换行李箱备胎底板时,一般都是将原车的行李箱备胎底板切割掉,并在切割的位置打上钣金胶。原厂打的胶平整均匀(图 3-192),和底板漆的颜色一样或接近;而切割修复后在备胎底板上打的胶粗糙不平整,颜色和底板漆也不一样(图 3-193)。

图 3-192　行李箱备胎底板原厂打的胶

图 3-193　行李箱备胎底板重新打胶

3.8.3 行李箱框架的检查

行李箱框架的检查是判断是否发生过车辆追尾的重要依据。

❶ 两厢车行李箱框架的检查。两厢车检查尾门框和 D 柱之间的框架（图 3-194）。没有修复过的尾门框，打胶均匀、棱角分明、左右对称（图 3-195）。

图 3-194　检查尾门框和 D 柱之间的框架

图 3-195　没有修复过的尾门框

❷ 三厢车行李箱框架的检查。三厢车主要检查后翼子板框架（图 3-196）。

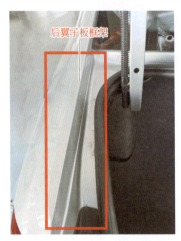

图 3-196　检查后翼子板框架

3.8.4　后保险杠、后围板的检查

❶ 后保险杠卡扣的检查。观察后保险杠是否开裂或卡扣有没有被撬动过。如果后保险杠开裂（图 3-197），可能是后保险杠拆装过或是卡扣松动。

图 3-197　后保险杠开裂

❷ 后围板的检查。检查后围板有没有敲打、生锈、喷漆的痕迹（图3-198），如果有生锈（图3-199）、焊接（图3-200）过的痕迹，就要重点检查行李箱底板、后翼子板内衬是否有修理过的痕迹。

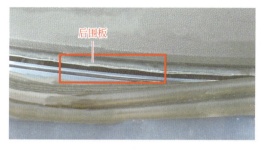

图 3-198　检查后围板

图 3-199　后围板生锈的检查

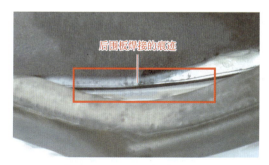

图 3-200　后围板焊接的检查

第4章 二手车动态检查

二手车动态检查是指车辆在工作状态下进行的各项检查，又称车辆路试检查。车辆路试检查（图4-1）的主要目的是，在一定条件下，通过机动车在各种工况下的工作，如发动机启动、怠速运转、车辆起步、加速、匀速、滑行、强制减速、紧急制动等，使变速器从低速挡到高速挡，再从高速挡到低速挡行驶，检查二手车的操纵性能、制动性能、滑行性能、加速性能、噪声和废气排放等情况，以鉴定二手车在动态下的技术状况。

图4-1 车辆路试检查

4.1 发动机无负荷工况的检查

无负荷工况就是车辆停在原地不动,检查发动机的性能状况,包括发动机启动、怠速运转、声响、急加速性、曲轴箱窜气和窜油量、尾气颜色、熄火等项目。

(1) 发动机启动性的检查　将点火开关转到启动挡(图4-2中START位置)或按下一键启动按钮(图4-3),启动发动机,观察发动机启动是否容易,起动机是否工作良好。启动时,车辆应无异常响声。如果发动机不能正常启动,表明二手车的发动机启动性能不好。

图 4-2　点火开关转到启动挡

图 4-3　一键启动按钮

小提示

◆一般用起动机带动发动机启动不应超过三次,每次启动发动机时间不超过10s。若需再次启动,应间隔15s以上。

影响发动机启动性的因素很多,主要有油路、电路、气路和机械四个方面。发动机启动困难时,应综合分析各种原因。引起发动机启动困难的原因不同,对二手车的价值影响也不同,甚至有的差别还很大。

(2)发动机怠速运转的检查　　发动机启动后,使其怠速运转,此时发动机应在规定的怠速范围内平稳地运转(图4-4),如一汽大众新宝来轿车的怠速转速为(800±50)r/min。发动机怠速时,若出现转速过高、过低、忽高忽低,以及发动机抖动严重等现象,均表明发动机怠速不良。

图4-4　发动机的怠速转速

引起发动机怠速不良的原因很多,如点火正时不准、气门间隙过大或过小、配气正时不准、怠速阀调整不当、真空漏气、曲轴箱通风装置中的单向阀怠速时不能关闭、废气再循环系统有故障、点火系统有故障、燃油系统有故障等均可能引起发动机怠速不良。当二手车有发动机怠速不良的现象时,应查明原因,以免后续带来不必要的麻烦。

(3) 发动机声响的检查　发动机在运转过程中,如果发出一些不正常的声响,如类似金属敲击的声音、咔嗒声、摩擦声等,这些声音统称为异响,说明发动机的某个零部件的技术状况发生变化,导致工作异常;如果听到低频的轰隆声或爆燃声,表明发动机受损严重,需要进行大修。

❶ 发动机怠速运转。启动发动机,并使其处于怠速运转,听发动机怠速运转时的声音是否均匀平稳,有无异常响声。若发动机运转时伴有杂音,说明转动机件磨损严重。

检查发动机运转是否平稳,发动机怠速运转时车前部的声音越安静、越平稳,则说明二手车的性能越好。

❷ 发动机低转速。轻踩油门,让发动机的转速慢慢升高,听这个过程中有无杂音。

❸ 发动机高转速。深踩油门,当发动机的转速超过了最高功率转速之后,声音一般都比较明显,这时候如果听到了金属摩擦声,说明有异常。

❹ 行驶之后听声音。可在路试的时候进行检查。在复杂的路况下行驶 5min,也就是走走停停,时而加速、时而减速的那种,然后将车停稳再听发动机怠速运转的声音,声音应该跟之前相同,无明显差异才算正常。

(4) 发动机加、减速灵敏性的检查　使发动机运转一段时间,待发动机冷却液温度(图 4-5)、润滑油温度均正常后,检查发动机加、减速的灵敏性。

图 4-5　发动机正常的冷却液温度

> **小提示**
>
> ◆从怠速状态猛踩加速踏板,观察发动机转速从低速到高速的反应灵敏性,提速是否快速;然后使发动机从高速状态突然回落到怠速状态,方法是猛松加速踏板,观察发动机是否会出现怠速熄火现象。正常时发动机提速响应性好,减速不熄火。

(5)**检查发动机窜油、窜气情况** 检查发动机窜油、窜气的方法是打开加机油口盖(图4-6),慢慢踩下加速踏板,加油。若窜气严重,用肉眼就可以看到加机油口处有烟雾出现。

图4-6 打开加机油口盖

若窜气不是十分严重,可以用一张白纸,放在距加机油口盖大约50mm的地方。然后踩下加速踏板,若窜油、窜气,则白纸上会有油迹(图4-7),严重时油迹较大。

(6)**检查排气管的排气颜色** 在正常情况下,汽油机工作时,排出的气体是无色的。柴油机在正常负荷下运转时,排气颜色为淡灰色,负荷大时则为深灰色,但只允许短时间出现。

发动机排气颜色不正常,一般指排气颜色为黑色(图4-8)、蓝色(图4-9)。

图 4-7　白纸上有油迹

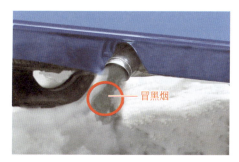

图 4-8　排气颜色为黑色

图 4-9　排气颜色为蓝色

小提示

◆若排气颜色为黑色，说明气缸内混合气过浓，或点火时刻过迟，造成燃烧不完全，一部分未燃烧的碳元素混在废气中排出，出现黑烟现象。

◆若排气颜色为蓝色，说明有机油窜入气缸燃烧室内，气缸内有机油燃烧，形成蓝色气体随废气排出。一般来说，常因活塞、活塞环、气缸套磨损过甚，配合间隙过大，导致机油窜入气缸而出现此种现象。此外，若进气不畅，机油也可能被吸入燃烧室，从而也会出现冒蓝烟的情况。

（7）检查仪表盘的报警指示灯　发动机在启动之后怠速运转时，在正常情况下，仪表盘（图4-10）上的所有报警指示灯均应熄灭，否则，说明点亮或闪烁的报警指示灯所代表的装置可能有故障。

图4-10　仪表盘

4.2　二手车路试检查

（1）路试内容

❶ 检查离合器。车辆起步时，踏动离合器踏板（图4-11），

查看离合器是否平稳结合，分离是否彻底，工作时是否发抖、发响等。

图 4-11　踏动离合器踏板

❷ 检查手动变速器。使车辆起步并加速，将手动变速器的挡位从低速挡升到高速挡（图 4-12），再从高速挡减速到低速挡，检查手动变速器换挡是否灵活，是否有乱挡、跳挡和异响现象。

图 4-12　检查手动变速器换挡情况

❸ 检查自动变速器。对于配置自动变速器的车辆来说，正常

情况下，车辆刚起步时不需要踩加速踏板。如果必须踩加速踏板才能起步，说明变速器保养不到位，可能有故障。换挡过程中如果有"发冲"或"顿滞"的感觉，说明自动变速器需要维护。

❹ 检查主减速器。在路试中，车速到40km/h时，突然猛松加速踏板，随后又猛然踩下加速踏板，听主减速器是否发出特别大的声响。若出现很大的声响，说明主减速器磨损严重。

❺ 检查传动效率（滑行试验）。在平坦的路面上，将车速提升到50km/h时，踩下离合器踏板，将变速器摘入空挡，让汽车靠滑行行驶。根据车辆滑行的距离，来评估汽车传动系传动效率的高低。滑行的距离长，说明传动系传动效率较高。否则，说明传动效率低。

❻ 检查汽车的动力性。

a. 车辆原地起步后，做加速行驶。如果猛踩加速踏板后，提速快，则说明加速性能好。

b. 检查汽车高速行驶时是否平稳，是否有异响。

c. 驾驶车辆做爬坡实验，检查汽车爬坡行驶时是否有劲，动力是否足够。若发动机提速慢，达不到厂家的设计速度，或者差距较大，上坡无力，则说明汽车的动力性能较差。

❼ 检查汽车的操纵稳定性。

a. 在宽敞的路段上驾驶车辆进行路试，在低速行驶时，向左、向右转动转向盘，检查转向盘是否灵敏、轻便，有无自动回正力矩。

b. 在高速行驶时，车辆不应出现跑偏和转向盘摆动等现象。

❽ 检查制动性能。

a. 汽车起步行驶，加速到50km/h时，迅速将制动踏板踩到底，看汽车是否立即减速、停车，有无制动跑偏、甩尾现象。制动距离应符合有关规定的标准值。

b. 将车辆加速到60km/h左右，感觉汽车有无抖动现象。若有，则可能是前悬架有故障，或传动轴有弯曲故障，应进一步对车辆进行检查。

❾ 检查驻车制动（手刹）。检查驻车制动时，应选择一段坡路。在坡路上，拉紧驻车制动器（图4-13）后，查看车辆能否停稳。若发现有溜车现象，说明驻车制动有故障。其原因可能是摩擦片与制

动鼓（盘）间隙过大或者有油污、摩擦片磨损严重或打滑等，应对其进行及时维护调整。

图 4-13　拉紧驻车制动器

❿ 检查汽车行驶平顺性。驾驶汽车通过凹凸不平的路面，或通过公路、铁路口，感受汽车通过的平顺性和乘坐舒适性。

a. 当汽车转弯或通过坑洼不平的路面时，仔细听汽车前端是否发出"嘎吱"的声音。若有，则可能是减振器紧固装置松旷，或轴承磨损严重。

b. 汽车转弯时，若车身侧倾过大，则可能是横向稳定杆衬套或减振器磨损严重。

⓫ 检查风噪声。汽车行驶过程中，逐渐提高车速至高速行驶，倾听车外风噪声。风噪声过大，说明车门密封不严，原因为密封条变质损坏，或车门变形，特别是事故车在整形后，密封问题较难解决。

小提示

◆正常情况下，车速越快，风噪声越大。对于空气动力学性能好的汽车，其密封和隔声性能较好，噪声较小。而对于空气动力学性能较差或整形后的事故车，风噪声一般较大。

（2）路试后的检查　车辆路试检查以后，还应检查的项目。

❶ 检查各部件的温度。路试后应检查一下车辆油、液的温度。

小提示

◆正常的机油温度为95℃，正常的冷却液温度为80～90℃。齿轮油的温度不应高于85℃。齿轮油的温度主要是变速器和主减速器的温度。

◆此外，还应用手或测温器检查其他有关运动件的过热情况，如制动鼓、制动盘、传动轴、中间支承的轴承等，都不应有过热现象。

❷ 检查"四漏"情况。路试后，应检查汽车的漏气、漏电、漏水、漏油情况。

小提示

◆对气压制动的车辆，若有漏气则在制动时有所反应，需仔细检查管路系统和储气筒、空气压缩机、制动阀等部件。

◆检查漏电情况。车辆漏电一般在行车中会出现明显故障，若车辆的电路出现故障，也需要仔细查找。

◆在发动机停止运转及停车以后，散热器、水泵、发动机缸体、发动机缸盖、暖风装置及所有的连接部位，均不得有明显的渗、漏水现象。

◆检查车辆漏油的情况。应在汽车连续行驶距离不少于10km后，停车5min观察地面，不得有明显的渗、漏油现象（图4-14）。

第4章 二手车动态检查

图 4-14 检查车辆漏油

4.3 二手车动态检查评估表

二手车评估师对车辆发动机进行无负荷工况的检查,又进行了路试后,可根据二手车动态检查评估表给出检查结果。

表 4-1 二手车动态检查评估表

检查内容		检查结果评估	结果分析
发动机无负荷工况检查	发动机启动性能	第二次启动是否成功	是（ ） 否（ ）
	发动机怠速稳定性	是否轻微发抖	是（ ） 否（ ）
	发动机曲轴箱窜气量	无或微量	无（ ） 微量（ ）
	发动机异响	无或有	无（ ） 有（ ）
	发动机加、减速的灵敏性	提速是否正常	是（ ） 否（ ）
	尾气排放	排气颜色正常或异常	正常（ ） 异常（ ）
	仪表盘报警指示灯	报警指示灯是否亮起	是（ ） 否（ ）
路试检查	加速性能	是否良好	是（ ） 否（ ）
	制动性能	是否良好	是（ ） 否（ ）
	操纵稳定性	是否良好	是（ ） 否（ ）
	换挡性能	换挡是否困难	是（ ） 否（ ）
	路试后的检查	是否有明显发热、漏油现象	是（ ） 否（ ）

173

第 5 章 水泡车的鉴定

目前,二手车市场非常火爆,但是买卖双方的信任度依然是个非常大的问题。很多消费者最担心的就是买到事故车以及水泡车等问题车。不单单说是怕花钱买辆价值不对等的车,最主要的还是事故车以及水泡车存在非常大的安全隐患。

5.1 水泡车的水损分析

5.1.1 汽车水损因素

水泡车,顾名思义就是被水浸泡过的车辆(图5-1)。汽车水损因素包括水质、水淹高度、水淹时间等。

(1)水质 分析水损车辆时,通常将水质分为淡水和海水。多数水泡车遇到的水为雨水或山洪形成的泥水,但也有由于下水道倒灌而形成的浊水。这种城市下水道溢出的浊水中含有油、酸性物质和各种异物。油、酸性物质和其他异物对汽车的损伤各不相同。

图 5-1 水泡车

（2）水淹高度　水淹高度是确定水损程度非常重要的参数，水淹高度通常不以高度作为计量单位，而是以汽车上重要的具体位置作为参数。以轿车为例，水淹高度通常分为 6 级，如图 5-2 所示。

图 5-2 水淹高度示意图

1—制动盘和制动鼓下沿以上，车身地板以下，乘员仓未进水；2—车身地板以上，乘员仓进水，而水面在驾驶员座椅坐垫以下；3—乘员仓进水，水面在驾驶员座椅坐垫面以上，仪表工作台以下；4—乘员仓进水，水面至仪表工作台中部；5—乘员仓进水，水面至仪表工作台面以上，顶篷以下；6—水面超过车顶，汽车被淹没顶部

（3）水淹时间　水淹时间（t）的长短对汽车所造成的损伤差异很大。车辆水淹时间的长短，是评价水泡损失程度的一个重要参数。水淹时间以小时（h）为单位，通常分为 6 级。

1 级——$t \leqslant 1\text{h}$。

2 级——$1\text{h} < t \leqslant 4\text{h}$。

3级——$4h < t \leqslant 12h$。

4级——$12h < t \leqslant 24h$。

5级——$24h < t \leqslant 48h$。

6级——$t > 48h$。

5.1.2 水泡车的水损分析

水泡车的水损分析如表5-1所示。

表5-1 水泡车的水损分析

水损程度等级	水淹时间 t/h	水淹高度	水损分析
1级	$t \leqslant 1$	制动盘和制动鼓下沿以上，车身地板以下，乘员仓未进水	可能受损的零部件主要是制动盘和制动鼓。损坏形式主要是生锈，生锈的程度主要取决于水淹时间的长短以及水质
2级	$1 < t \leqslant 4$	车身地板以上，乘员仓进水，而水面在驾驶员座椅坐垫以下	除一级损失外，还会造成以下损失： ①四轮轴承进水； ②全车悬架下部连接处因进水而生锈； ③ABS系统车轮转速传感器失准； ④地板进水后车身地板如果防腐层和油漆层本身有损伤就会造成锈蚀； ⑤部分控制模块水淹后会失效
3级	$4 < t \leqslant 12$	乘员仓进水，水面在驾驶员座椅坐垫面以上，仪表工作台以下	除二级损失外，还会造成以下损失： ①座椅潮湿和污染； ②部分内饰潮湿和污染； ③真皮座椅和内饰损伤，桃木内饰板会分层开裂； ④车门电机进水； ⑤变速器、主减速器及差速器可能进水； ⑥部分控制模块被水淹； ⑦起动机被水淹

续表

水损程度等级	水淹时间 t/h	水淹高度	水损分析
4级	$12 < t \leqslant 24$	乘员仓进水，水面至仪表工作台中部	除三级损失外，还可能造成以下损失： ①发动机进水； ②仪表工作台中部分音响控制设备、CD机、空调控制面板受损； ③蓄电池放电、进水； ④大部分座椅及内饰被水淹； ⑤各种继电器、熔丝（保险丝）盒可能进水； ⑥大量控制模块被水淹
5级	$24 < t \leqslant 48$	乘员仓进水，水面至仪表工作台面以上，顶篷以下	除四级损失外，还可能造成以下损失： ①全部电气装置被水泡； ②发动机严重进水； ③离合器、变速器、后桥可能进水； ④绝大部分内饰被泡
6级	$t > 48$	水面超过车顶，汽车被淹没顶部	汽车所有零部件都受到损失

5.1.3 水泡车的损失评估

(1) 水泡车的损失率

❶ 水淹高度为1级时的损失评估。当汽车的水淹高度为1级时，通常情况下，无论制动盘和制动鼓的生锈程度如何，所采取的补救措施都是四轮的保养。因此，当汽车的水淹高度为1级，水淹时间也为1级时，通常不计损失；水淹时间为2级或2级以上时，水淹时间对损失金额的影响也不大，损失率通常为0.1%左右。

❷ 水淹高度为2级时的损失评估。当汽车的水淹高度为2级时，损失率通常为0.5%～2.5%。

③ 水淹高度为3级时的损失评估。当汽车的水淹高度为3级时，损失率通常为1.0%～5.0%。

④ 水淹高度为4级时的损失评估。当汽车的水淹高度为4级时，损失率通常为3.0%～15.0%。

⑤ 水淹高度为5级时的损失评估。当汽车的水淹高度为5级时，损失率通常为10.0%～30.0%。

⑥ 水淹高度为6级时的损失评估。当汽车的水淹高度为6级时，损失率通常为25.0%～60.0%。

（2）水泡车损失的确定　确定水淹高度等级后，可参照等级损失率来确定车辆的损失。定损金额公式为：

$$定损金额 = 保险金额 \times 损失率$$

如：一辆保险金额为10万元的保险车辆发生了4级水灾损失，定损金额=100000×（3.0%～15.0%）=3000～15000（元）。

通过对车辆损失的确定，对于水泡二手车后续的维修费用能有一定的了解。

5.2　水泡车的鉴定

5.2.1　查看发动机舱鉴别水泡车

（1）查看发动机舱防火墙　发动机舱防火墙一般不会被动手脚（图5-3）。因为这个位置的各个部件比较密集，而且平时也是密封的状态。但是，如果这个位置被水泡过，就有明显的水渍、泥沙或者锈蚀的痕迹。

由于发动机舱防火墙采用阻燃材料，所以非常容易吸附泥沙，这时候用手去摸防火墙，能感觉出细小的摩擦感，或者拍一拍有灰尘扬起。

（2）查看发动机舱内的线束　水泡车一般采用高压清洗的办法，让它变得跟新车一样，但发动机舱内的线束（图5-4）是无法冲洗干净的。

图 5-3　查看发动机舱防火墙

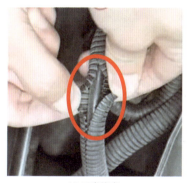
(a) 正常线束

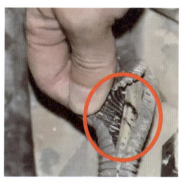
(b) 水泡车线束

图 5-4　查看发动机舱内的线束

（3）查看熔丝盒（保险丝盒）　观察是否有水泡的痕迹（图 5-5），例如有水雾、泥沙，更严重的水泡车的熔丝盒内的继电器会普遍生锈。

（4）查看发动机舱内的螺栓

❶ 查看发动机舱内的螺栓是否存在锈迹。发动机舱内如有锈蚀的螺栓，很有可能是水泡车。

❷ 查看发动机舱内的螺栓是否被更换过。通常情况下，水泡车有锈迹的螺栓都会被处理，但想要处理的话肯定是需要更换螺栓（图 5-6），即便这个螺栓不是因为泡水而更换的，那大概率也是因

为出现过交通事故,因此要考虑的就是这辆车是不是水泡车或者事故车。

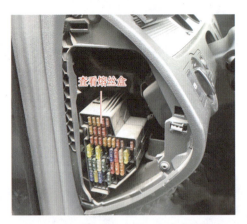

图 5-5　查看熔丝盒内是否有泡水的痕迹

图 5-6　查看发动机舱内的螺栓是否被更换过

5.2.2　查看内饰鉴别水泡车

(1) 闻车内的味道　从内饰检查,首先仔细闻一下车内的味道(图 5-7),闻空调出风口(图 5-8)、安全带的味道。因为水泡车的内饰就算经过全面清洗,依旧会有一股霉味或土腥味。有些车主可能为了掩盖味道喷了大量香水,所以如果买车的时候遇到车内特别香的情况，一定要小心，可能是想拿香味掩盖掉霉味或土腥味，但是仔细闻的话，还是能闻出来掺杂的霉味或土腥味。

图 5-7　闻车内的味道

图 5-8　闻空调出风口的味道

（2）查看座椅

❶ 查看座椅螺栓拆卸痕迹。车辆泡水后进行维修时，必然要拆卸座椅螺栓和进行地毯清理修复，可查看座椅螺栓是否有拆卸痕迹（图 5-9）。如果螺栓无缘无故有拆卸痕迹，那就要怀疑是不是水泡车。

❷ 检查座椅弹性。座椅里面一般都是海绵填充的，而海绵遇水之后，弹性会变得很差。而且手感也不一样。所以，只要用手大力按或者捏座椅边缘（图 5-10）就能辨别。

图 5-9　查看座椅螺栓是否有拆卸痕迹

图 5-10　检查座椅边缘

（3）查看铁制品部件　车内也有很多铁制品部件，检查一下有没有生锈的情况（图 5-11）。

（4）查看安全带　如果安全带泡过水，会有明显的水迹，并且会产生霉斑（图 5-12）。

（5）查看中控台　对车内的电气设备进行试用，主要观察液晶屏的显示效果（图 5-13），看是否有色斑出现，然后试一下所有按键是否有失灵的情况或者手感是否生涉和回弹无力。如果都发生，那通常是水泡车。

第 5 章　水泡车的鉴定

图 5-11　查看铁制品部件

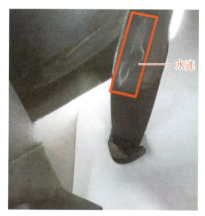

图 5-12　查看安全带

图 5-13　观察液晶屏的显示效果

5.2.3 查看行李箱鉴别水泡车

检查行李箱的备胎、随车工具及行李箱底板的新旧程度。如果备胎和修车工具没有用过,应该都是很新的状态。

(1) **检查行李箱的备胎** 如果备胎轮毂有霉斑、生锈(图 5-14)的情况,那证明该车后备厢曾有积水,很可能就是水泡车。

图 5-14 备胎轮毂有生锈情况

(2) **检查行李箱的随车工具** 随车工具除非紧急情况,否则很难用到,加之是购车赠送的,所以大多数车辆的随车工具都较为简陋,不做防锈处理。所以扳手、旋具等一经水泡就会生锈(图 5-15),而且一般车主都懒得处理。

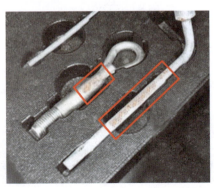

图 5-15 检查行李箱的随车工具是否生锈

（3）检查行李箱底板 水泡车行李箱底板的接缝处一般都会残留泥污、水渍，不是不做处理，是因为真的很难处理。

5.2.4 查看底盘鉴别水泡车

用举升机将车辆举起来，直接观察底盘的锈蚀情况。

底盘一般会做防锈保护，但是如果被水泡过，排气管、悬挂组件的固定螺栓以及制动挡板等零部件还是会发生严重的锈蚀现象（图 5-16）。

图 5-16 查看底盘

5.2.5 查看前后灯具鉴别水泡车

（1）查看车灯 车灯是检查水泡车比较好的一个判断部件。泡水之后车辆的灯罩和车灯内的银色灯碗就会泛黄（图 5-17）。而一般二手车泡水之后，车主要卖车也一般都不会把车灯全套换了再卖，所以用这个方式检查判断还是比较准确的。

查看所有的车灯有无一样的水雾凝结在灯罩处。如果只有个别的灯有水雾，不能完全判断该车就是水泡车，有可能是因为拆装过导致密封不严，有雨水渗漏。但如果所有的车灯均有水雾，那么就可以将此作为该车是水泡车的判断依据。

图 5-17　车灯灯罩泛黄

（2）查看雾灯　雾灯进水之后，看起来还是比较明显的，会有一层水雾出现（图 5-18）。一般卖车的人觉得只要雾灯还能亮，就没什么问题。但是如果买车的时候，就要注意这点了。如果查看雾灯的时候，发现雾灯有水雾现象，该车很有可能是水泡车。

图 5-18　雾灯进水

小提示

◆由于雾灯位置普遍较低，有些车辆过涉水路段时，雾灯也可能会进水。因此，查看雾灯是否进水，也只是一种参考手段，应对全车进行综合分析。

第6章 火烧车与调表车的鉴定

6.1 火烧车的鉴定

6.1.1 汽车火灾的分类

(1) 汽车火灾按对车辆损坏程度分类　火灾对车辆损坏一般分为整体烧毁和局部烧毁。

❶ 整体烧毁。整体烧毁（图6-1）是指机舱内线路、电器、发动机附件、仪表台、装饰件、座椅烧损，机械件壳体烧熔变形，车体金属（钣金）件脱碳（材质内部结构发生变化），表面漆层大面积烧损。该情况下的汽车损坏通常非常严重。

❷ 局部烧毁。局部烧毁分三种情况。

a. 发动机舱着火（图6-2）造成发动机前部线路、附件、部分电器、塑料件烧损。

b. 轿壳或驾驶室着火，造成仪表台、部分电器、装饰件烧损。

c. 货运车辆货箱内着火。

图 6-1 整体烧毁

图 6-2 发动机舱着火

（2）汽车火灾按起火的原因分类　按照起火的原因，汽车火灾可分为自燃、引燃、碰撞起火、雷击和爆炸五种类型。

❶ 自燃。自燃是指在没有外界火源的情况下，由本车电器、线路、供油系统、机械系统等车辆自身故障或所载货物引起的起火燃烧。

a. 供油系统。严重的汽车自燃一般都是燃油系统出现问题。燃油的泄漏可以说是引发严重汽车自燃的罪魁祸首，油箱中泄漏出来的汽油是汽车上最可怕的助燃物（图 6-3）。漏油点大多集中在管件接头处、油管与车身易摩擦处、油管固定部位与非固定部位的结合处等薄弱地方。

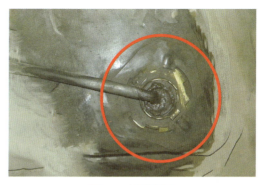

图 6-3 油箱漏油

b. 电气系统。电气系统引起火灾的原因有高压漏电、低压短路、接触电阻过大、点火顺序错乱、加大熔丝（保险丝）容量等。

❷ 引燃。引燃是指汽车被其自身以外的火源引发的燃烧。建筑物起火引燃、周边可燃物起火引燃、其他车辆起火引燃、被人为纵火烧毁等，都属于汽车被引燃的范畴。

❸ 碰撞起火。当汽车发生追尾或迎面撞击时，由于基本不具备起火的条件，一般情况下不会起火。只有当撞击后导致易燃物（如汽油）泄漏且与火源接触时，才会导致起火。

❹ 雷击。在雷雨天气里，露天停放的汽车有可能遭遇雷击。由于雷击的电压非常高，完全可以使正在流着雨水的车体与地面构成回路，从而将汽车上的某些电气设备击穿（如车用电脑），严重者可以引起汽车起火。

❺ 爆炸。车内违规搭载的易爆炸物品（如雷管、炸药、鞭炮）极易引发爆炸及火灾。

6.1.2　火烧车的鉴定

在二手车市场中的火烧车是指车辆局部区域被火烧过，之后火苗被熄灭，还有维修价值，不用直接报废，经过翻新之后又流入二手车市场的车辆。在购买二手车时，需要注意鉴别火烧车，千万不能买到火烧车。

小提示

◆其实火烧车相对而言还是很少的,流入市场的就更少了,很多二手车商收了上百台车都看不到一辆经过火烧的车。

(1)检查外观

❶ 观察油漆。检查车身外观,检查发动机舱盖、车门和前后翼子板的外表面是否有油漆起伏痕迹,车身油漆颜色和光泽是否均匀(图6-4),周边胶条是否粘有油漆,相关部位是否有烧黑现象。

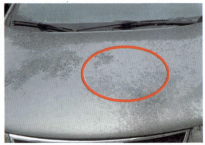

(a)车身油漆颜色和光泽均匀　　(b)车身油漆颜色和光泽不均匀

图6-4　观察车身油漆颜色和光泽是否均匀

❷ 查看车辆车门柱。把车辆车门柱的胶条扒开,从内侧向外侧观察车门柱(图6-5)。如果看到车门柱表面有大面积的熏黑痕迹,需要注意这可能是火烧的痕迹。

(2)闻气味　进入驾驶室后,感觉有无刺鼻气味,是否有烧焦的味道。如果内饰有过火烧,车内的气味很难清除干净。

感觉车内是不是有浓烈香水的味道,过多的香水味可能是为了掩盖火烧事故留下的焦味。

(3)检查发动机舱　汽车火灾发生时多数是从发动机舱内开始的,所以在鉴别火烧车时要重点检查发动机舱。对于发动机舱内部的检查可从以下几方面着手。

图 6-5 查看车门柱

❶ 检查熔丝盒和继电器。检查发动机舱内的熔丝盒和继电器盒（图 6-6），如果有大面积的烧蚀痕迹，就需要注意，这很可能就是着火的痕迹。

图 6-6 发动机舱内的熔丝盒和继电器盒

❷ 检查线束。车辆的自燃多数是由线路老化导致的，发动机舱是车辆线路最密集的地方，发生火烧之后，这些线束和熔丝一定会过火（图 6-7）。如果发现线束更换过，可能是着火损坏后重新更换的，检查线束接口部位和新线束是否一致，有没有瘤状、熏黑的痕迹。

图 6-7　检查线束

❸ 检查防火墙。防火墙位于发动机和驾驶舱之间,一般严密包裹了一层隔声/隔热棉(图 6-8)。检查发动机舱时,需要检查防火墙有无火烧或熏黑痕迹(图 6-9)。

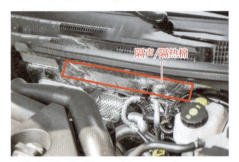

图 6-8　隔声/隔热棉

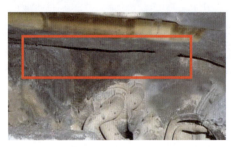

图 6-9　防火墙有火烧、熏黑痕迹

❹ 检查发动机进、排气歧管。如果发动机进气歧管(图 6-10)、排气歧管有烧蚀的痕迹也需要注意,可能是火烧留下的。

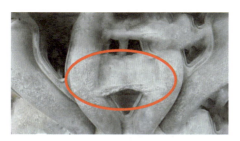

图 6-10　发动机进气歧管有烧蚀的痕迹

❺ 检查发动机舱盖。在发动机舱盖（图 6-11）的内部如果发现有大面积的烧蚀痕迹，就需要注意，或者原车有隔声棉现在没有了，都可能是发动机舱盖内着火引发的。

图 6-11　发动机舱盖

❻ 查看发动机舱角落。检查发动机舱各角落处，是否有烟火熏黑或是残留灭火器粉末（图 6-12）的现象。

图 6-12　残留灭火器粉末

（4）检查车辆内部　检查内饰、地毯有没有过火痕迹，漆面是否完好，座椅有无火烧痕迹（图 6-13）。

图 6-13　检查座椅有无火烧痕迹

6.2　调表车的鉴定

调表车，是指汽车的里程表（图 6-14）显示的里程数值被人为调低后出售的二手车。调过表的二手车（图 6-15）主要是可以卖个好价钱，而且车辆在正常使用中也不会影响各个功能。但是对于消费者来说，花了更多的钱却买了一辆实际行驶里程多的车，无疑是吃亏上当了。虽然调表车的危害程度和事故车、水泡车、火烧车相比，显得小之又小，但是同样花钱买二手车，谁愿意买辆调表车呢？而且一般情况下，随着里程数的增加，汽车的使用寿命会缩短，车况也会越来越差，故障率也会大大提高。

图 6-14　汽车的里程表

图 6-15　调过表的二手车

6.2.1　查询维修保养记录、读取变速器 ECU 数据

（1）查询维修保养记录　辨别车辆是不是调过表，最直接的办法就是查询一下这辆车的维修保养记录（图 6-16）。举一个简单的例子：如果这辆车的维修保养记录里显示最大里程数超过了 15 万公里，而现在表显里程只有不到 6 万公里，那这辆车肯定是调表了。

图 6-16　维修保养记录

查记录的方式也有很多，有许多专门的网站或者直接去 4S 店都可以查询到。现在市面上有很多可以付费查询 4S 记录的软件

APP，每查一次也就十几二十块钱，常见的 APP 有查博士、车鉴定、车 300 等。而且这些 APP 还可以查到车辆所有的出险记录，同样也是需要付费的。

（2）读取变速器 ECU（电脑）数据　对于自动挡的车辆，一般可以通过车载 OBD 接口读取变速器 ECU 的数据（图 6-17）来查看车辆行驶的实际里程数。用该里程数与里程表显示的里程数进行对比，从而来判断车辆是否调过表。

图 6-17　读取变速器 ECU 的数据

小提示

◆现在也有少数手动挡车型，可以通过车载 OBD 接口读取变速器 ECU 的数据来查看车辆实际行驶里程数了。

6.2.2　查看内饰

查看驾驶室内的方向盘、车窗玻璃按键、中控按键、门饰板按键、变速杆、驻车制动杆、脚踏板、座椅等，看这些部位是否磨损严重。一般正常使用的私家车，在10万公里内车内上述部件都不会有明显的磨损。如果这几个地方部件磨损严重，而里程表显示的实际里程数却不高，那么这台车十有八九应该是调过表了。

小提示

◆查看这些部位的时候，要综合判断，全部情况结合在一起，不能单看一个部位。

一般情况下，内饰同时出现三个以上部位异常磨损，基本上即为调表车。

（1）检查方向盘　如果方向盘出现包浆、真皮脱落（图6-18），一般在10万公里以上。

图6-18　查看方向盘

（2）检查车窗玻璃按键　车窗玻璃按键（图6-19）等日常使用频率较高，若按键或周边区域磨损严重，包括掉字、出现油光等现象，都很有可能说明这辆车已经行驶很多里程了。

小提示

◆观察时,也要参考车辆本身的材质。一般质量较好的新车,行驶 5 年左右时,车内的按键是不会出现明显的磨损的。

图 6-19　检查车窗玻璃按键

(3) **检查座椅**　一般来说,使用时间较长的车辆座椅边缘处,都会出现一定程度的褶皱老化磨损(图 6-20)等,即使安装有座套,也可通过查看座椅的使用程度来判断这辆车的里程。如果坐上去感觉座椅塌陷较明显,则很可能这辆车的里程较长了。

图 6-20　座椅边缘处出现褶皱

6.2.3 查看轮胎、制动盘

（1）**查看轮胎** 轮胎一般行驶里程为 8～10 万公里，使用 4～6 年左右。如果一辆车只有 2 年的车龄，里程表显示行驶 4 万公里，但全车轮胎却已全部更换为新的，再结合内饰及其他因素等车辆使用情况，可以判定该车应为调表车。

轮胎的使用年限可以根据轮胎的生产日期（图 6-21，图中轮胎生产日期为 2017 年第 10 周，也就是 2017 年的 3 月上旬）来判断，轮胎的生产日期肯定在整车生产日期之前，车辆出厂日期看铭牌。轮胎的生产日期在整车生产日期之后，说明轮胎已更换过。

图 6-21 轮胎的生产日期

（2）**查看制动盘和制动摩擦片** 一辆车的制动盘（图 6-22）一般行驶里程 10 万公里左右无须更换。如果所查看的二手车使用了 5 年以上，制动盘却很新，说明这辆车的制动盘已经更换过。可结合内饰及其他因素，判断应为调表车。

图 6-22 查看制动盘

也可查看制动摩擦片，原厂制动摩擦片一般情况下都带有品牌标识。如果看到的制动摩擦片没有原厂品牌标识，可注意查看制动摩擦片的厚度（图6-23）。如果制动摩擦片较新且磨损较少，则可能是新更换过的制动摩擦片（新、旧制动摩擦片对比如图6-24所示）。可结合内饰及其他因素来综合判断。

图6-23　查看制动摩擦片的厚度

图6-24　新、旧制动摩擦片对比

第 7 章 二手车的拍照

二手车拍照就是评估人员根据车牌号或评估登记号,用数码相机拍摄被评估车辆的照片,并存入系统档案。

7.1 二手车拍照的技术要求

(1)**拍摄距离** 拍摄距离是指拍摄立足点与被拍二手车的远近。一般要求全车影像尽量充满整个像面。

小提示

◆如果拍摄距离较远,则拍摄范围较大,所拍的二手车影像就小。

(2)**拍摄角度** 拍摄角度是指拍摄立足点与被拍二手车的方位关系。拍摄角度方位一般分为上下关系和左右关系。

1)上下关系 拍摄角度的上下关系可分为俯拍、平行拍摄

（平拍）和仰拍三种。

❶ 俯拍是指拍摄者站在比被拍摄车辆高的位置向下拍摄。

❷ 平行拍摄是指拍摄点在物体的中间位置、镜头平置的拍摄，此种拍摄方法效果就是人两眼平视的效果。

❸ 仰拍是指相机放置在较低部位，镜头由下向上仰置的拍摄，这种拍摄效果易发生变形。

2）左右关系 拍摄角度的左右关系一般根据拍摄者确定的拍摄方位，分为正面拍摄和侧面拍摄两种。

❶ 正面拍摄是指面对被拍摄的车辆或某部位的正面进行拍摄。

❷ 侧面拍摄是与正面拍摄相对而言，指在被拍摄车辆的正侧面所进行的拍摄。

小提示

◆对于二手车拍照宜采用平拍且与车辆左侧呈 45°方向拍摄。

（3）光照方向的选择 光照方向是指光线与相机拍摄方向的关系，一般分为正面光、侧面光和逆光三种。

小提示

◆对二手车拍照应尽量采用正面光拍照，以使二手车的轮廓分明、牌照号码清晰、车身颜色真实。

7.2 二手车拍照的一般要求

二手车拍照的一般要求有以下几点。

❶ 车身要擦洗干净。
❷ 前挡风玻璃及仪表盘上无杂物。
❸ 机动车号牌无遮挡。
❹ 关闭各车门。
❺ 方向盘回正,前轮处于直线行驶状态。

7.3 二手车拍照的一般拍摄位置

二手车拍照一般包括整体外形照和局部位置照。整体外形照一般要拍摄二手车的前面、侧面和后面三个方向;局部位置照一般要拍摄二手车的发动机舱、驾驶室、座舱、后备厢等局部位置。

(1)**整体外形照** 整体外形照分为前面照、后面照及侧面照,可采用平拍。

❶ 前面照。前面照(也称为标准照)是在与车左前侧呈45°方向拍摄的照片,如图7-1所示。

图7-1 二手车的前面照

❷ 后面照。后面照是在与车右后侧呈45°方向拍摄的照片,如图7-2所示。
❸ 侧面照。侧面照是正侧面拍摄的照片,如图7-3所示。

图 7-2　二手车的后面照

图 7-3　二手车的侧面照

（2）局部位置照　局部位置照采用俯拍，发动机舱的拍摄如图 7-4 所示，驾驶室的拍摄如图 7-5 所示，座舱的拍摄如图 7-6 所示。

图 7-4　发动机舱的拍摄

图 7-5　驾驶室的拍摄

图 7-6　座舱的拍摄

7.4　二手车拍照的注意事项

❶ 光照方向应采用正面光,尽量避免强烈或昏暗光照,不采用侧面光和逆光。

❷ 以平行拍摄的方式进行,不要采用俯拍或仰拍。

❸ 所拍车辆要进行认真准备。

❹ 所拍照片要使二手车的轮廓分明、牌照号码清晰、车身颜色真实。

第 8 章 二手车价格的评估

8.1 二手车价格评估的基本方法

二手车价格估算方法有重置成本法、收益现值法、现行市价法、清算价格法等几种方法。二手车评估师必须根据二手车评估的目的正确选择合适的方法,才能正确估算二手车的价格。

8.1.1 重置成本法

(1) 重置成本法的基本原理

❶ 重置成本法的概念。重置成本法是指在现时市场条件下重新购置一辆全新状态的被评估车辆所需的全部成本,减去该被评估车辆的各种陈旧贬值后的差额作为被评估车辆现时价格的一种评估方法。其评估思路可用数学式概括为

　二手车评估值 = 重置成本 − 实体损耗 − 功能性贬值 − 经济性贬值

小提示

◆重置成本法既充分考虑了被评估二手车的重置全价，又考虑了该二手车已使用年限内的磨损以及功能性、经济性贬值，因而是一种适应性较强，并在实践中被广泛采用的基本评估方法。

❷ 重置成本法的基本要素。重置成本法的概念中涉及四个基本要素，即二手车的重置成本、二手车实体有形损耗、二手车功能性贬值和二手车经济性贬值。

二手车重置成本是指在现行市场条件下重新购置一辆全新车辆所支付的全部货币总额。简单地说，二手车重置成本就是当前再取得该车的成本。

（2）重置成本法的应用前提和适用范围

小提示

◆重置成本法是从能够重新取得被评估二手车的角度来反映二手车的交换价值的，即通过被评估二手车的重置成本反映二手车的交换价值。只有当被评估的二手车处于继续使用状态下，再取得被评估二手车的全部费用才能构成其交换价值的内容。重置成本法主要适用于继续使用前提下的二手车评估。

8.1.2 收益现值法

（1）收益现值法的基本原理

❶ 收益现值法的概念。收益现值法是通过估算被评估二

手车在剩余寿命期内的预期收益，并折现为评估基准日的现值，借此来确定二手车价值的一种评估方法。也就是说，现值在这里被视为二手车的评估值，而且现值的确定依赖于未来预期收益。

❷ 收益现值法的基本原理。收益现值法是基于这样的假设，即人们之所以购买某辆二手车，主要是考虑这辆车能为自己带来一定的收益。

(2) 收益现值法的应用前提和适用范围　收益现值法的应用基于以下几个前提：

❶ 被评估二手车必须是经营性车辆，且具有继续经营和获利的能力。

❷ 继续经营的预期收益可以预测而且必须能够用货币金额来表示。

❸ 二手车购买者获得预期收益所承担的风险也可以预测，并可以用货币衡量。

❹ 被评估二手车预期获利年限可以预测。

由以上应用的前提条件可见，运用收益现值法进行评估时，是以车辆投入使用后连续获利为基础的。在机动车的交易中，人们购买的目的往往不是在于车辆本身，而是车辆获利的能力。因此，收益现值法较适用于投资营运的车辆。

8.1.3　现行市价法

(1) 现行市价法的基本原理

❶ 现行市价法的概念。现行市价法又称市场法、市场价格比较法，是指通过比较被评估车辆与最近售出类似车辆的异同，并将类似车辆的市场价格进行调整，从而确定被评估车辆价值的一种评估方法。

小提示

◆其基本思路是,通过市场调查,选择一个或几个与评估车辆相同或类似的车辆作参照车辆,分析参照车辆的构造、功能、性能、新旧程度、地区差别、交易条件及成交价格等,并与被评估车辆进行比较,找出两者的差别及其在价格上所反映的差额,经过适当调整,最终计算出被评估车辆的价格。

现行市价法是采用比较和类比的方法,根据替代原则,从二手车可能进行交易角度来判断二手车价值的。

❷ 现行市价法的基本原理。任何一个正常的投资者在购置某项资产时,他所愿意支付的价格不会高于市场上具有相同用途的替代品的现行市价。

运用现行市价法要求充分利用类似二手车成交价格信息,并以此为基础判断和估测被评估二手车的价值。现行市价法是二手车评估中最为直接、最具说服力的评估途径之一。

(2)现行市价法的应用前提和适用范围

1)现行市价法的应用前提

❶ 要有一个市场发育成熟、交易活跃的二手车交易公开市场,经常有相同或类似二手车的交易,有充分的参照车辆可取。在二手车交易市场上二手车交易越频繁,与被评估车辆相类似的二手车价格越容易获得。

❷ 市场上参照的二手车与被评估二手车有可比较的指标,并且这些指标的技术参数等资料是可收集到的,并且价值影响因素明确,可以量化。

2)现行市价法的适用范围 现行市价法是从卖者的角度来考虑被评估二手车的变现值的,二手车评估价值的大小直接受市场的制约,因此,它特别适用于产权转让的畅销车型的评估,如二手车收购(尤其是成批收购)和典当等业务。畅销车型的数据充分可靠，市场交易活跃，评估人员熟悉其市场交易情况，采用现行市价法评估二手车时间会很短。

小提示

◆运用现行市价法，重要的是要在交易市场上能够找到与被评估二手车相同或相类似的已成交过的参照车辆，并且参照车辆是近期的、可比较的。所谓近期，是指参照车辆交易时间与被评估二手车评估基准日相近，一般在一个季度之内；所谓可比较，是指参照车辆在规格、型号、功能、性能、配置、内部结构、新旧程度及交易条件等方面与被评估二手车不相上下。

8.1.4 清算价格法

(1) 清算价格法的基本原理

❶ 清算价格法的概念。清算价格法是以清算价格为依据来估算二手车价格的一种方法。所谓清算价格，指企业在停业或破产后，在一定的期限内拍卖资产（如车辆）时可得到的变现价格。

清算价格法的理论基础是清算价格标准。

❷ 清算价格法的基本原理。清算价格法在原理上基本与现行市价法相同，所不同的是迫于停业或破产，清算价格往往大大低于现行市场价格。这是由于企业被迫停业或破产，急于将车辆拍卖、出售。

(2) 清算价格法的应用前提和适用范围

1) 清算价格法的应用前提 以清算价格法评估车辆价格的前提条件有以下三点。

❶ 以具有法律效力的破产处理文件或抵押合同及其他有效文件为依据。

❷ 车辆在市场上可以快速出售变现。
❸ 所卖收入足以补偿出售车辆的附加支出总额。
2）清算价格法的适用范围　清算价格法适用于企业破产、资产抵押和停业清理时要出售的车辆。

8.1.5　二手车评估方法的选择

(1) 评估方法的适用特点
❶ 重置成本法比较充分地考虑了车辆的各方面损耗，反映了车辆市场价格的变化，评估结果更趋于公平合理，在不易估算车辆未来收益，或难以在市场上找到可类比对象的情况下可广泛应用。

❷ 现行市价法要求评估方在当地或周边地区能找到一个二手车交易市场，该市场要求发育成熟、活跃、交易量大、车型丰富，容易找到可类比的参照车辆，并且参照车辆是近期的、可比较的。因此，它特别适用于产权转让的畅销车型的评估，如二手车收购（尤其是成批收购）和典当等业务。

❸ 收益现值法是在被评估二手车在剩余经济使用寿命内能够带来预期利润的前提下进行评估的，因此，比较适用于投资营运车辆的评估。

❹ 清算价格法是从车辆资产债权人的角度出发，以车辆快速变现为目的进行评估的，因此，适用于企业破产、资产抵押、停业清理等急于出售变现的车辆评估，如法院、海关委托评估的涉案车辆。

(2) 选择评估方法时应考虑的因素　估价方法的多样性，为鉴定估价人员提供了选择评估的途径。选择估价方法时应考虑以下因素。
❶ 必须严格与二手车评估的计价标准相适应。
❷ 要受收集数据和信息资料的制约。
❸ 要充分考虑二手车鉴定估价工作的效率，选择简单易行的方法。

8.2 二手车成新率的计算方法

成新率是反映二手车新旧程度的指标。二手车成新率是表示二手车的功能或使用价值占全新机动车的功能或使用价值的比率,也可以理解为二手车的现时状态与机动车全新状态的比率。它与有形损耗一起反映了同一车辆的两方面。车辆的有形损耗也称为车辆的实体性贬值,它是由于使用磨损和自然损耗形成的。成新率和有形损耗率的关系是

成新率 =1- 有形损耗率

成新率是重置成本法的一项重要指标,如何科学、准确地确定该项指标是二手车评估中的重点和难点。

二手车成新率的确定方法主要有使用年限法、行驶里程法、部件鉴定法、整车观测法、综合分析法、综合成新率法等。在二手车交易市场,根据不同类型的二手车,在对二手车进行相关检测的基础上,确定相应二手车成新率计算方法,并确定其成新率。

8.2.1 使用年限法

(1) 计算方法 使用年限法是通过确定被评估二手车的尚可使用年限与规定使用年限的比值来确定二手车成新率的一种方法。其计算公式为

$$C_\mathrm{Y} = \frac{Y_\mathrm{g} - Y}{Y_\mathrm{g}} \times 100\%$$

式中 C_Y——使用年限成新率;
Y——二手车实际已使用年限,年或月;
Y_g——车辆规定的使用年限,年或月。

使用年限法估算二手车的成新率是基于这样的假设:二手车在规定的使用寿命期间,实体性损耗与时间呈线性递增关系,二手车价值的降低与其损耗大小成正比。

小提示

◆可利用被评估二手车的实际已使用年限与该车型规定使用年限的比值来判断其实体贬值率（程度），进而估算被评估二手车成新率。

（2）已使用年限与规定使用年限

❶ 已使用年限。使用年限是代表汽车运行量和工作量的一种计量。综合考虑已使用年限和行驶里程数更符合实际一些，即汽车的已使用年限应采用折算年限，即

折算年限：总的累计行驶里程/年平均行驶里程

已使用年限一般取该车从新车在公安交通管理机关注册登记日起至评估基准日所经历的时间。一般以月为单位计算实际已使用年限，即将已使用年限和规定使用年限换算成月数，这样计算简单，结果误差也较小，比较切合实际。

❷ 规定使用年限。车辆规定使用年限是指《汽车报废标准》中对被评估车辆规定的使用年限。各种类型汽车规定使用年限应按国家的《汽车报废标准》等规定执行。

（3）使用年限法的前提条件　使用年限法计算成新率的前提条件是车辆在正常使用条件下，按正常使用强度（年平均行驶里程）使用。我国各类汽车年平均行驶里程见表8-1。

表8-1　我国各类汽车年平均行驶里程

汽车类别	年平均行驶里程/$\times 10^4$km
微型、轻型货车	3～5
中型、重型货车	6～10
私家车	1～3
公务、商务用车	3～6
出租车	10～15

续表

汽车类别	年平均行驶里程 /×10⁴km
租赁车	5～8
旅游车	6～10
中、低档长途客运车	8～12
高档长途客运车	15～25

利用使用年限法计算得到的成新率实际上反映的是车辆的时间损耗及时间折旧率,与车辆的日常使用强度和车况无关。

如果车辆的日常使用强度较大,在运用已使用年限指标时,应适当乘以一定的系数。例如,对于某些以双班制运行的车辆,其实际使用时间为正常使用时间的两倍,因此该车辆的已使用年限,应是车辆从开始使用到评估基准日所经历时间的两倍。

在《汽车报废标准》中除了规定使用年限外,还规定了行驶里程,因此,也可以使用下面介绍的行驶里程法进行估算。

8.2.2　行驶里程法

(1) 计算方法　行驶里程法是通过确定被评估二手车的尚可行驶里程与规定行驶里程的比值来确定二手车成新率的一种方法。其计算公式为

$$C_S = \frac{S_g - S}{S_g} \times 100\%$$

式中　C_S——行驶里程成新率;
　　　S——二手车实际累计行驶里程,km;
　　　S_g——车辆规定的行驶里程,km。

(2) 累计行驶里程与规定行驶里程

❶ 累计行驶里程。二手车累计行驶里程是指被评估二手车从开始使用到评估基准时点所行驶的总里程。

❷ 规定行驶里程。车辆规定行驶里程是指《汽车报废标准》中规定的该车型的行驶里程。

（3）行驶里程法计算成新率的前提条件　行驶里程法计算成新率的前提条件是车辆里程表的记录必须是原始的，不能被人为更改。由于里程表容易被人为变更，因此，在实际应用中，较少直接采用此方法进行评估。

8.2.3　部件鉴定法

（1）计算方法　部件鉴定法（也称技术鉴定法）是指评估人员在确定二手车各组成部分技术状况的基础上，按其各组成部分对整车的重要性和价值量的大小加权评分，最后确定成新率的一种方法。采用部件鉴定法估算二手车成新率的计算公式为

$$C_B = \sum_{i=1}^{n}(c_i\beta_i)$$

式中　C_B——部件鉴定法二手车成新率；
　　　c_i——二手车第 i 项部件的成新率；
　　　β_i——二手车第 i 项部件的价值权重。

（2）计算步骤　此方法的基本步骤如下。

❶ 先确定二手车各主要总成、部件，再根据各部分的制造成本占整车制造成本的比重，确定其权重的百分比 β_i ($i=1, 2, \cdots, n$)，表 8-2 为汽车各部分的价值权重参考表。

❷ 以全新车辆对应的各总成、部件功能为满分（100 分），功能完全丧失为零分，再根据被评估二手车各相应总成、部件的技术状态估算出其成新率 c_i ($i=1, 2, \cdots, n$)。

❸ 将各总成、部件估算出的成新率与价值权重相乘，得到各总成、部件的权重成新率（$c_i\beta_i$) ($i=1, 2, \cdots, n$)。

❹ 最后将各总成、部件的权重成新率相加，即得出被评估车辆的成新率。

在不同种类、档次的车辆上，各组成部分对整车的重要性及其价值占整车的比重各不相同，有些类型车辆之间相差还很大。因

此，表 8-2 只能供评估人员参考，不可作为唯一标准。在实际评估时，应根据被评估车辆各部分价值量占整车价值的比重，调整各部分的权重。

表 8-2　汽车各部分的价值权重参考表

序号	车辆各主要总成、部件名称	价值权重 /%		
		轿车	客车	货车
1	发动机及离合器总成	26	27	25
2	变速器及万向传动装置总成	11	10	15
3	前桥、前悬架及转向系总成	10	10	15
4	后桥及后悬架总成	8	11	15
5	制动系	6	6	5
6	车架	2	6	6
7	车身	26	20	9
8	电气仪表	7	6	5
9	轮胎	4	4	5
	合计	100	100	100

（3）部件鉴定法的特点及适用范围　从上述计算步骤可见，采用部件鉴定法计算加权成新率比较费时费力，但评估值更接近客观实际，可信度高。它既考虑了二手车实体性损耗，同时也考虑了二手车维修或换件等追加投资使车辆价值发生的变化。这种方法一般用于价值较高的二手车评估。

8.2.4　整车观测法

整车观测法是指评估人员采用人工观察的方法，辅助简单的仪器检测，判定被评估二手车的技术等级以确定成新率的一种方法。

小提示

◆整车观测法观察和检测的技术指标主要包括二手车的现时技术状态、使用时间及行驶里程、主要故障经历及大修情况、整车外观和完整性等。

二手车技术状况的分级可参考表 8-3。

表 8-3　二手车成新率评估参考表

车况等级	新旧情况	有形损耗率/%	技术状况描述	成新率/%
1	使用不久	0～10	刚使用不久，行驶里程一般在 3 万～5 万公里，在用状态良好，能按设计要求正常使用	100～90
2	较新车	11～35	使用 1 年以上，行驶 15 万公里左右，一般没有经过大修，在用状态良好，故障率低，可随时出车使用	89～65
3	旧车	36～60	使用 4～5 年，发动机或整车经过大修一次，大修较好地恢复原设计性能，在用状态良好，外观中度受损，恢复情况良好	64～40
4	老旧车	61～85	使用 5～8 年，发动机或整车经过二次大修，动力性能、经济性能、工作可靠性都有所下降，外观油漆脱落受损，金属件锈蚀程度明显；故障率上升，维修费用、使用费用明显上升，但车辆符合《机动车安全技术条件》，在用状态一般或较差	39～15

续表

车况等级	新旧情况	有形损耗率/%	技术状况描述	成新率/%
5	待报废处理车	86~100	基本到达或到达使用年限，通过《机动车安全技术条件》检查，能使用但不能正常使用，动力性、经济性、可靠性下降，燃料费用、维修费用、大修费用增长速度快，车辆收益与支出基本持平，排放污染和噪声污染到达极限	15以下

表 8-3 中所示数据是判定二手车成新率的经验数据，只能供评估人员参考，不能作为唯一标准。由于该法对二手车技术状况的评判是采用人工观察方法进行的，所以成新率的估值是否客观、实际，取决于评估人员的专业水准和评估经验。

小提示

◆ 整车观测法简单易行，但其判断结果没有部件鉴定法准确，一般用于初步估算中、低档二手车的价格，或作为综合分析法的辅助手段，用来确定车辆的技术状况调整系数。

8.2.5 综合分析法

（1）估算方法 综合分析法是以使用年限法为基础，综合考虑二手车的实际技术状况、维护保养情况、原车制造质量、二手车用途及使用条件等多种因素对二手车价值的影响，以调整系数形式确定成新率的一种方法。其计算公式为

$$C_F = C_Y K \times 100\%$$

式中 C_F——综合成新率；

C_Y——使用年限成新率；

K——综合调整系数。

（2）**综合调整系数**　影响二手车成新率的主要因素有二手车技术状况、二手车维护保养、二手车原始制造质量、二手车用途和二手车使用条件五个方面，可采用表8-4推荐的综合调整系数，用加权平均的方法进行调整。

表8-4　二手车成新率综合调整系数参考表

序号	影响因素	因素分级	调整系数	权重/%
1	技术状况	好	1.0	30
		较好	0.9	
		一般	0.8	
		较差	0.7	
		差	0.6	
2	维护保养	好	1.0	25
		较好	0.9	
		一般	0.8	
		差	0.7	
3	制造质量	进口车	1.0	20
		国产名牌车（走私罚没车）	0.9	
		国产非名牌车	0.8	
4	车辆用途	私用	1.0	15
		公务、商务	0.9	
		营运	0.7	
5	使用条件	好	1.0	10
		一般	0.9	
		差	0.8	

根据被评估二手车是否需要进行项目修理或换件维修,综合调整系数有两种确定方法。

❶ 二手车无须进行项目修理或换件时,可直接采用表 8-4 所推荐的调整系数,应用下式进行计算:

$$K=K_1\times 30\%+K_2\times 25\%+K_3\times 20\%+K_4\times 15\%+K_5\times 10\%$$

式中　K——综合调整系数;

K_1——二手车技术状况调整系数;

K_2——二手车维护保养调整系数;

K_3——二手车原始制造质量调整系数;

K_4——二手车用途调整系数;

K_5——二手车使用条件调整系数。

❷ 二手车需要进行项目修理或换件,或需要进行大修时,可采用"一揽子"评估方法,综合考虑确定表 8-4 所列因素的影响。所谓"一揽子"评估方法就是综合考虑修理后对二手车成新率估算值的影响,直接确定一个合理的综合调整系数而进行价值评估的一种方法。

表 8-4 中的因素分级和调整系数只是一个参考,实际确定综合调整系数时,应根据具体情况作适当的调整,但各因素的调整系数取值不要超过 1,综合调整系数计算结果也不会超过 1。

(3) 调整系数的选取

1) 二手车技术状况调整系数 K_1　二手车技术状况调整系数是在对车辆技术状况鉴定的基础上对车辆进行的分级,然后取调整系数来修正车辆的成新率。技术状况调整系数取值范围为 0.6～1.0,技术状况好的取上限,反之取下限。

2) 二手车维护保养调整系数 K_2　维护保养调整系数反映了使用者对车辆使用、维护和保养的水平,不同的使用者,对车辆使用、维护和保养的实际执行情况差别较大,因而直接影响到车辆的使用寿命和成新率。维护保养调整系数取值范围为 0.7～1.0,维护保养好的取上限,反之取下限。

3) 二手车原始制造质量调整系数 K_3　确定该系数时,应了解被评估的二手车是国产车还是进口车以及进口国别,是国产车应了解是名牌产品还是一般产品。一般来说，国家正规手续进口的车辆质量优于国产车辆，名牌产品优于一般产品，但又有较多例外，故在确定此系数时应较慎重。对依法没收领取牌证的走私车辆，其原始制造质量系数建议视同国产名牌产品。原始制造质量调整系数取值范围在 0.8～1.0。

4）二手车用途调整系数 K_4　二手车用途（或使用性质）不同，其繁忙程度不同，使用强度亦不同。二手车用途调整系数取值范围为 0.7～1.0，使用强度小的取上限，反之取下限。

5）二手车使用条件调整系数 K_5　我国地域辽阔，各地自然条件差别很大，车辆的使用条件对其成新率影响很大。使用条件可分为道路使用条件和特殊环境使用条件。

❶ 道路使用条件。道路使用条件可分为好路、中等路和差路三类。

好路：国家道路等级中的高速公路，一、二、三级道路，好路率在 50% 以上。

中等路：符合国家道路等级四级的道路，好路率在 30%～50%。

差路：国家等级以外的路，好路率在 30% 以下。

❷ 特殊环境使用条件。特殊环境使用条件主要指特殊自然条件，包括寒冷、沿海、风沙和山区等。

车辆使用条件调整系数取值范围为 0.8～1.0。取值时应根据二手车实际使用条件适当取值。如果二手车长期在道路条件为好路和中等路行驶时，分别取 1 和 0.9；如果二手车长期在差路或特殊环境使用条件下工作，其系数取 0.8。

从上述影响因素中可以看出，各影响因素关联性较大。一般来说，其中某一影响因素加强时，其他影响因素也随之加强；反之则减弱。影响因素作用加强时，对其综合调整系数不要随影响作用加强而无限加大，一般综合调整系数取值不要超过 1。

（4）综合分析法的特点及适用范围　综合分析法较为详细地考虑了影响二手车价值的各种因素，并用一个综合调整系数指标来调整二手车成新率，评估值准确度较高，因而适用于具有中等价值的二手车评估。这是目前二手车鉴定评估最常用的方法之一。

8.2.6 综合成新率法

(1) 计算方法　前面介绍的用使用年限法、行驶里程法和部件鉴定法计算二手车成新率只从单一因素考虑了二手车的新旧程度，是不完全也是不完整的。为了全面地反映二手车的新旧状态，可以采用综合成新率法来计算成新率。所谓综合成新率就是采用定性和定量分析的方法，综合多种单一因素对二手车成新率的估算结果，并分别赋予不同的权重，计算加权平均成新率。这样，就可以尽量减小使用单一因素成新率计算给评估结果带来的误差，因而是一种较为科学的方法。以下介绍一种综合使用年限法、行驶里程法、技术鉴定法和整车观测法估算二手车成新率的方法。

综合成新率法的数学计算公式为
$$C_Z = C_1 a_1 + C_2 a_2$$
式中　C_Z——综合成新率；
　　　C_1——二手车理论成新率；
　　　C_2——二手车现场查勘成新率；
　　　a_1、a_2——权重系数，$a_1 + a_2 = 1$。

权重系数的取值要求评估人员根据被评估二手车的实际情况而定。

(2) 二手车理论成新率 C_1

二手车理论成新率包括用使用年限法和行驶里程法计算的成新率，是根据二手车实际使用的时间和行驶里程计算而得，是一种对二手车成新率的定量计算，其结果一般不能人为改变。实际计算中，可将使用年限成新率和行驶里程成新率加权平均得到二手车理论成新率。计算公式为
$$C_1 = C_Y \times 50\% + C_S \times 50\%$$
式中　C_Y——使用年限成新率；
　　　C_S——行驶里程成新率。

（3）二手车现场查勘成新率 C_2　　二手车现场查勘成新率是由评估人员根据现场查勘情况而确定的一个综合评价值。

小提示

◆具体确定步骤是：评估人员先对二手车作技术状况现场查勘（包括静态检查和动态检查），得出鉴定评价意见，然后对整车和重要部件分别作综合评分、累加评分，其结果就是二手车现场查勘成新率。

1）二手车技术状况现场查勘　　被评估二手车技术状况现场查勘主要内容如下。

❶ 车身外观，包括车身颜色、光泽、有无褪色及锈蚀情况，车身是否被碰撞过，车灯是否齐全，前后保险杠是否完整和其他情况，等等。

❷ 车内装饰，包括装潢程度、颜色、清洁程度、仪表及座位是否完整和其他有关装饰情况等。

❸ 发动机工作状况，包括发动机动力状况、有无更换部件（或替代部件）和修复现象、是否有漏油现象等。

❹ 底盘，包括有无变形、有无异响、变速箱状况是否正常、前后桥状况是否正常、传动系统工作状况是否正常、是否有漏油现象、转向系统情况是否正常和制动系统工作状况是否正常等。

❺ 电气系统，包括电源系统是否工作正常、发动机点火器是否工作正常、空调系统是否工作正常和音响系统是否工作正常等。

以上查勘情况，一般应由评估委托方或车辆所有单位技术人员签名，以确认查勘情况是客观的、真实的，不存在与实际车况不相符合的情况。确定查勘情况后，评估人员必须对被评估车辆作出查勘鉴定结论。上述资料经过整理，就可以编制成表8-5所示的二手车技术状况调查表。

表 8-5　二手车技术状况调查表

评估委托方：×××　　　　　　　　评估基准日：2019 年 9 月 20 日

车辆基本情况	明细表序号	01	车辆牌号	×××		厂牌型号	BUICK 上海别克	
	生产厂家	上海通用		已行驶里程		60000km		
	购置日期	2015年5月	登记日期	2015 年 5 月				
	大修情况			无大修				
	改装情况			无改装				
	耗油量	正常	是否达到环保要求	是		事故次数及情况	无事故	
现场查勘情况								
车辆实际技术状况	外形车身部分	颜色	银	光泽	较好	褪色	无	锈蚀	无
		有无被碰撞	轻微	严重程度		修复		车灯是否齐全	齐全
		前、后保险杠是否完整	完整	其他：车头右侧及左前车门有轻碰划痕					
	车内装饰部分	装潢程度	一般	颜色	浅色	清洁	较好	仪表是否齐全	是
		座位是否完整	是	其他					
	发动机总成	动力状况评分	85	有无更换部件	无	有无修补现象	无	有无替代部件	无
		漏油现象	严重□　一般□　轻微□　无□						
	底盘各部分	有无变形	无	有无异响	无	变速箱状况	工况正常	后桥状况	正常
		前桥状况	正常	传动状况	工况正常	漏油现象	严重□　一般□　轻微□　无□		
		转向系统情况	工况正常		制动系统情况	工况正常			
	电气系统	电源系统是否工作正常	工况正常	发动机点火器是否工作正常	工况正常	空调系统是否有效	工况正常	音响系统是否工作正常	工况正常
		其他							
鉴定意见		维护保养情况较好，磨损正常，整体车况较好							

评估人员签字：×××

2）二手车现场查勘成新率 在上述对二手车作技术状况现场查勘的基础上，对整车和重要部件做定量分析并以评分形式给予量化，可参考表8-6。总分就是二手车现场查勘成新率。

表8-6 二手车成新率评定表

序号	项目名称	达标程度	参考标准分	评分
1	整车（满分20分）	全新	20	—
		良好	15	15
		较差	5	—
2	车架（满分15分）	全新	15	12
		一般	7	—
3	前后桥（满分15分）	全新	15	12
		一般	7	—
4	发动机（满分30分）	全新	30	—
		轻度磨损	25	28
		中度磨损	17	—
		重度磨损	5	—
5	变速箱（满分10分）	全新	10	—
		轻度磨损	8	8
		中度磨损	6	—
		重度磨损	2	—
6	转向及制动系统（满分10分）	全新	10	—
		轻度磨损	8	8
		中度磨损	5	—
		重度磨损	2	—
总分（现场查勘成新率/%）			100	83

必须指出的是，被评估二手车理论成新率和现场查勘成新率的权重分配、使用年限成新率和机动车行驶里程成新率的权重分配，要根据被评估二手车类型、使用状况、维修保养状况综合考虑，科学、合理地确定权重分配，这与二手车鉴定评估人员的实践工作经验和专业判断能力有很大的关系，需要在实践中注意学习和总结。

8.2.7 各种成新率计算方法的选择

二手车成新率的确定可根据鉴定评估目的和评估对象的实际情况选择相应的模型计算。在这些计算成新率的方法中，由于综合分析法是以使用年限法为基础，以调整系数形式调整二手车成新率，调整系数综合考虑了二手车的实际技术状况、维护保养情况、原车制造质量、二手车用途及使用条件等多种因素对二手车价值的影响，评估值准确度较高，因此是目前二手车鉴定评估业务中最常用的方法之一。综合成新率法也是以技术状况现场查勘为基础，因此，也是二手车鉴定评估业务中常用的方法。

8.3 二手车价格的计算评估

二手车评估师根据评估目的，选择了相应的计价标准和评估方法，并依据现场车辆查勘的结果确定了二手车成新率之后，即可根据不同评估方法的数学模型计算被评估二手车的评估值。由于重置成本法为评估二手车常用的方法之一，所以通常在计算之前，还需要进行市场询价，以获得被评估二手车的重置成本。

8.3.1 应用重置成本法的评估

(1) 重置成本法的计算模型　重置成本法有以下两种基本计

算模型。

模型一：评估值＝重置成本－实体性贬值－功能性贬值－经济性贬值

模型二：评估值＝重置成本×成新率

模型一是重置成本法评估二手车的最基本模型。它综合考虑了二手车的现行市场价格和各种影响二手车价值量变化（贬值）的因素，最能让人信服和易于接受。但造成这些贬值的影响因素较多且有一定的不确定性，所以准确地确定二手车的贬值是不容易的。

模型二以成新率综合考虑了各种贬值对二手车价值的影响，是一种定性和定量相结合的评估方法，比较符合中国人评判二手物品的思维模式，是目前市场上应用最广的一种评估方法。下面重点介绍此评估模型。

（2）基于成新率的重置成本法评估计算

1）评估计算公式 上述模型二即为基于成新率的重置成本法评估计算公式：

$$P=BC$$

式中 P——被评估二手车的评估值，元；

B——被评估二手车的现时重置成本，元；

C——被评估二手车的现时成新率。

2）重置成本的计算 在资产评估中，重置成本的估算有多种方法，对二手车评估来说，计算重置成本一般采用重置核算法和物价指数法两种方法。

❶重置核算法。重置核算法是利用成本核算原理，根据重新取得一辆与二手车车型和功能一样的新车所需的费用项目，逐项计算后累加得到二手车的重置成本。二手车的重置成本具体由二手车的现行购买价格、运杂费以及必要的税费构成。根据新车来源方式不同，二手车重置成本可分为国产车和进口车两种不同的构成。

a. 国产二手车重置成本的构成。国产二手车重置成本构成的计算公式为

$$B=B_1+B_2$$

式中　B——二手车重置成本，元；

B_1——购置全新车辆的市场成交价，元；

B_2——车辆购置价格以外国家和地方政府一次性收缴的各种税费总和，元。

各种税费包括车辆购置税和注册登记费（牌照费）。

重置成本构成不应包括车辆拥有阶段及使用阶段的税费，如车辆拥有阶段的年审费、车船使用税、消费税，车辆使用阶段的保险费、燃油税、路桥费等。

b. 进口二手车重置成本的构成。根据海关税则和收费标准，进口轿车的重置成本（即现行价格）的税费构成为

进口二手车重置成本 = 报关价 + 关税 + 消费税 + 增值税 + 其他必要费用

报关价即到岸价，又称 CIF 价格，它与离岸价 FOB 的关系为

CIF 价格 = FOB 价格 + 途中保险费 + 从装运港到目的港的运费

FOB 价格是指在国外装运港船上交货时的价格，因此也称为离岸价，它不包括从装运港到目的港的运费和保险费。

由于这部分费用是以外汇支付的，所以在计算时，需要将报关价格换算成人民币，外汇汇率采用评估基准日的外汇汇率进行计算。

关税的计算方法为

$$关税 = 报关价 \times 关税税率$$

消费税的计算方法为

$$消费税 = \frac{报关价 + 关税}{1 - 消费税率} \times 消费税率$$

增值税的计算方法为：

$$增值税 = (报关价 + 关税 + 消费税) \times 增值税率$$

各种进口车增值税税率均为 17%。

除了上述费用之外，进口车价还包括通关、商检、仓储运输、银行、选装件、经销商、进口许可证等非关税措施造成的费用。

小提示

◆一般而言，车辆重置成本大多是依靠市场调查搜集而来的，并不需要进行十分复杂的计算。但是对于市场上尚未出现的那些新车型（特别是进口新车型）或淘汰车型，由于其价格信息有时不容易获得，这时则需要按照其重置成本的构成进行估算。

❷ 物价指数法。物价指数法也叫价格指数法，是指根据已掌握的历年来价格指数，在二手车原始成本的基础上，通过现时物价指数确定其重置成本。其计算公式为

$$B = B_0 \frac{I}{I_0}$$

或

$$B = B_0(1-\lambda)$$

式中　B——车辆重置成本，元；
　　　B_0——车辆原始成本，元；
　　　I——车辆评估时物价指数；
　　　I_0——车辆当初购买时物价指数；
　　　λ——车辆价格变动指数。

小提示

◆当被评估车辆已停产，或是进口车辆，无法找到现时市场价格时，这是一种很有用的方法，但应用时必须要注意，一定要先检查被评估车辆的账面购买原价。如果购买原价不准确，则不能用物价指数法。

车辆价格变动指数是表示车辆历年价格变动趋势和速度的指

标。取值时要选用国家统计部门、物价管理部门或行业协会定期发布和提供的数据，不能选用无依据、不明来源的数据。

3）二手车重置成本全价的确定　实际工作中，一般根据鉴定估价的经济行为确定重置成本的全价，具体有以下两种处理方法。

❶ 对于以所有权转让为目的的二手车交易经济行为，按评估基准日被评估车辆所在地收集的现行市场成交价格作为被评估车辆的重置成本全价，其他费用略去不计。

❷ 对企业产权变动的经济行为（如企业合资、合作和联营，企业分设、合并和兼并，企业清算、租赁等），其重置成本全价除了考虑被评估车辆的现行市场购置价格以外，还应将国家和地方政府规定对车辆加收的其他税费（如车辆购置附加费、车船使用税等）一并计入重置成本全价中。

8.3.2　应用收益现值法的评估

(1) 计算模型　应用收益现值法求二手车评估值的计算，实际上就是对被评估二手车未来预期收益进行折现的过程。

被评估二手车的评估值等于剩余寿命期内各收益期的收益折现值之和。其基本计算公式为

$$P = \sum_{t=1}^{n} \frac{A_t}{(1+i)^t} = \frac{A_1}{(1+i)^1} + \frac{A_2}{(1+i)^2} + \cdots + \frac{A_n}{(1+i)^n}$$

式中　P——评估值，元；

　　A_t——未来第 t 个收益期的预期收益额，元；

　　n——收益年期（即二手车剩余使用寿命的年限）；

　　i——折现率，在经济分析中如果不做其他说明，一般指年利率或收益率；

　　t——收益期，一般以年计；

　　A_n——未来 n 年收益额，元。

由于二手车的收益期是有限的，所以上式中的 A_t 还包括收益期末车辆的残值，一般估算时忽略不计。

当 $A_1=A_2=\cdots=A_n=A$ 时,即 t 在 $1\sim n$ 年未来收益都为 A 时,则有

$$P=A\left[\frac{1}{(1+i)^1}+\frac{1}{(1+i)^2}+\cdots+\frac{1}{(1+i)^n}\right]=A\frac{(1+i)^n-1}{i(1+i)^n}$$

式中 $\frac{1}{(1+i)^n}$ ——第 n 个收益年期的现值系数;

$\frac{(1+i)^n-1}{i(1+i)^n}$ ——年金现值系数。

上式反映了收益率为 i 时,二手车预期在 n 年的收益期内每年的收益为 A 元,几年累计收益额"等值于"现值 P 元,那么,现在可接受的最大投资额应为 P 元。

(2)收益现值法各评估参数的确定

1)收益年期 n 的确定 收益年期(即二手车剩余使用寿命的年限)指从评估基准日到二手车报废的年限。各类营运车辆的报废年限在国家《汽车报废标准》中都有具体规定。如果剩余使用寿命期估算得过长,则计算的收益期就多,车辆的评估价格就高;反之,则会低估价格。因此,必须根据二手车的实际状况对其收益年期做出正确的评定。

2)预期收益额 A_t 的确定 运用收益现值法时,未来每年收益额的确定是关键。预期收益额是指被评估二手车在其剩余使用寿命期内的使用过程中,可能带来的年净收益额。确定车辆预期收益额时应注意以下两点。

❶ 预期收益额是通过预测分析获得的。对于买卖双方来说,判断车辆是否有价值,应判断该车辆是否能带来收益。对车辆收益能力的判断,不仅要看现在的情形,更重要的是关注未来的经营风险。

❷ 收益额的构成。以企业为例,目前有几种观点:第一,企业税后利润;第二,企业税后利润与提取折旧额之和扣除投资额;第三,利润总额。在二手车评估业务中建议选择第一种观点,目的是准确反映预期收益额。其计算公式为

收益额=税前收入-应交所得税=税前收入×(1-所得税率)

税前收入=一年的毛收入-车辆使用的各种税费和人员劳务费等

3) 折现率 i 的确定　折现率是指将未来预期收益额折算成现值的比率。从本质上讲，折现率是一种期望投资报酬率，是投资者在投资风险一定的情况下，对投资所期望的回报率。折现率由无风险报酬率和风险报酬率两部分组成，即

折现率 (i)=无风险报酬率+风险报酬率

无风险报酬率一般是指同期国库券利率，它实际上是一种无风险收益率。风险报酬率是指超过无风险收益率以上部分的投资回报率。

8.3.3　应用现行市价法的评估

运用现行市价法评估二手车价值通常采用直接市价法和类比调整市价法。

(1) 直接市价法　直接市价法是指在市场上能找到与被评估二手车完全相同的车辆的现行市价，并依其价格直接作为被评估二手车评估价格的一种方法。直接市价法应用有以下两种情况。

❶ 参照车辆与被评估二手车完全相同。所谓完全相同是指车辆型号、使用条件和技术状况相同，生产和交易时间相近。这样的参照车辆常见于市场保有量大、交易比较频繁的畅销车型，如桑塔纳、捷达等。

❷ 参照车辆与被评估二手车相近。这种情况是参照车辆与被评估车辆类别相同、主参数相同、结构性能相同，只是生产序号不同并只做局部改动，交易时间相近，也可近似等同作为评估过程中的参照车辆。这种情况在我国汽车市场上是非常常见的，很多汽车厂商为了追求车型的变化，给消费者一个新的感受，每年都在原车型的基础上做一些小的改动，如车身的小变化、内饰配置的变化等。

直接市价法评估公式为

$$P=P'$$

式中 P——评估值,元;

P'——参照车辆的市场成交价格,元。

(2)类比调整市价法

1)计算模型 类比调整市价法是指评估二手车时,在公开市场上找不到与之完全相同的车辆,但能找到与之相类似的车辆,以此为参照车辆,并根据车辆技术状况和交易条件的差异对参照车辆的价格做出相应调整,进而确定被评估二手车价格的一种评估方法。其基本计算公式为

$$P=P'K$$

式中 P——评估值,元;

P'——参照车辆的市场成交价格,元;

K——差异调整系数。

类比调整市价法不像直接市价法对参照车辆的条件要求那么严,只要求参照车辆与被评估二手车大的方面相同即可。

2)评估步骤 现行市价法评估二手车的步骤如下。

❶ 收集被评估二手车资料。收集被评估二手车的相关资料,内容包括车辆的类别名称、车辆型号和技术性能参数、生产厂家和出厂年月、车辆用途、目前使用情况和实际技术状况、尚可使用的年限等,为市场数据资料的搜集及参照物的选择提供依据。

❷ 选取参照车辆。根据了解到的被评估二手车资料,按照可比性原则,从二手车交易市场上寻找可类比的参照车辆,参照车辆的选择应在两辆以上。车辆的可比因素主要包括以下几个方面。

a. 车辆型号和生产厂家。

b. 车辆用途。指是私家车还是公务车,是乘用车还是商用车等。

c. 车辆使用年限和行驶里程。

d. 车辆实际技术性能和技术状况。

e. 车辆所处地区。由于地区经济发展的不平衡,收入水平存在差别,在不同地区的二手车交易市场,同样车辆的价格会有较大的

差别。

f. 市场状况。指的是二手车交易市场是低迷还是复苏、繁荣，车源丰富还是匮乏，车型涵盖面如何，交易量如何，新车价格趋势如何，等等。

g. 交易动机和目的。指车辆出售是以清偿还是以淘汰转让为目的，买方是获利转手倒卖还是购买自用。不同情况下的交易作价往往有较大的差别。

h. 成交数量。单辆与成批车辆交易的价格会有一定差别。

i. 成交时间。应采用近期成交的车辆作类比对象。由于国家经济、金融和交通政策以及市场供求关系会随时发生一些变化，市场行情也会随之变化，引起二手车价格的波动。

❸ 类比和调整。对被评估二手车和参照车辆之间的差异进行分析、比较，并进行适当的量化后调整为可比因素。主要差异及量化方法体现在以下几方面。

a. 结构性能的差异及量化。汽车型号、结构上的差别都会集中反映到汽车的功能和性能的差别上，功能和性能的差异可通过功能、性能对汽车价格的影响进行估算（量化调整值＝结构性能差异值×成新率）。例如，同类型的汽油车，电喷发动机相对于化油器发动机要贵3000～5000元；对营运汽车而言，主要表现为生产能力、生产效率和运营成本等方面的差异，可利用收益现值法对其进行量化调整。

b. 销售时间的差异与量化。在选择参照车辆时，应尽可能选择评估基准日的成交案例，以免去销售时间差异的量化；若参照车辆的交易时间在评估基准日之前，可采用价格指数法将销售时间差异量化并调整。

c. 新旧程度的差异及量化。被评估二手车与参照车辆在新旧程度上存在一定的差异，要求评估人员能够对二者作出基本判断，取得被评估二手车和参照车辆成新率后，以参照车辆的价格乘以被评估二手车与参照车辆成新率之差，即可得到两者新旧程度的差异量〔新旧程度差异量＝参照车辆价格×（被评估二手车成新率－参照车辆成新率）〕。

d. 销售数量的差异及量化。销售数量的大小、采用何种付款方式均会对二手车成交单价产生影响。销售数量的不同会造成成交价格的差异，必须对此差异进行分析，适当调整被评估二手车的价值。

e. 付款方式的差异及量化。在二手车交易中，绝大多数为现款交易，在一些地区已有二手车的银行按揭销售。银行按揭的二手车与一次性付款的二手车价格差异由两部分组成：一是银行的贷款利息，贷款利息按贷款年限确定；二是汽车按揭保险费，各保险公司的汽车按揭保险费率不完全相同，会有一些差异。

❹ 计算评估值。将各可比因素差异的调整值以适当的方式加以汇总，并据此对参照车辆的成交市价进行调整，从而确定被评估二手车的评估价格。

8.3.4　应用清算价格的评估

目前，对于清算价格的确定方法，从理论上还难以找到十分有效的依据，但在实践上仍有一些方法可以采用，主要方法有如下三种。

（1）评估价格折扣法　首先，根据被评估二手车的具体情况及所获得的资料，选择重置成本法、收益现值法及现行市价法中的一种方法确定被评估二手车的价格；然后，根据市场调查和快速变现原则，确定一个合适的折扣率。用评估价格乘以折扣率，所得结果即为被评估二手车的清算价格。例如，一辆桑塔纳轿车，经调查得知在二手车交易市场上成交价为 4 万元，根据销售情况调查，折价 20% 可以当即出售，则该车辆清算价格为 $4\times(1-20\%)=3.2$（万元）。

（2）模拟拍卖法　模拟拍卖法，也称意向询价法。这种方法是以向被评估二手车的潜在购买者询价的方式取得市场信息，最后经评估人员分析确定其清算价格。用这种方法确定的清算价格受供需关系影响很大，要充分考虑其影响的程度。

例如，有 8t 自卸车 1 台，拟评估其拍卖清算价格，评估人员经过对两家运输公司、三个个体运输户征询意向价格，其报价分别为7万元、8.3万元、7.8万元、8万元和7.5万元,平均价为7.72万元。考虑目前各种因素,评估人员确定清算价格为7.5万元。

(3) 竞价法　竞价法是由法院按照破产清算的法定程序或由卖方根据评估结果提出一个拍卖的底价,在公开市场上由买方竞争出价,谁出的价格高就卖给谁。

第 9 章 二手车的收购与销售

9.1 二手车的收购

9.1.1 二手车收购定价影响因素

(1) 车辆的总体价值　二手车收购要充分考虑车辆的总体价值，它包括车辆实体的产品价值和各项手续的价值。

❶ 车辆实体的产品价值。除了用鉴定估价的方法评估车辆实体的产品价值外，还应根据经验结合目前市场行情综合评定。主要评定的项目包括：车身外观整齐程度、漆面质量如何等静态检查项目和发动机怠速声音、尾气排放情况等动态检查项目。另外，配置、装饰、改装等项目也很重要，包括有无真皮座椅、电动门窗、中控防盗锁、音响等；有效的改装包括动力改装、悬架系统改装、音响改装、座椅及车内装饰改装等。

❷ 各项手续的价值。主要包括：登记证、原始购车发票或交易过户票、行驶证、购置税本、车船使用费证明、车辆保险合同

等。如果收购车辆的证件和税费凭证不全,就会影响收购价格,因为代办手续不但要耗费人工成本,而且可能造成转籍过户中意想不到的麻烦和带来许多难以解决的后续问题。

(2) 二手车收购后应支出的费用 二手车收购除了支付车辆产品的货币以外,从收购到售出时限内,还要支出的费用有:保险费、日常维护费、停车费、收购支出的货币利息和其他管理费等。

(3) 市场宏观环境的变化 二手车收购要注意国家宏观政策、国家和地方法规的变化因素以及这些影响导致的车辆经济性贬值。

(4) 市场微观环境的变化 这里所说的市场微观环境,主要指新车价格的变动以及新车型的上市对收购价格的影响。例如,一种新车降价后,旧车的保值率就降低了,贬值后收购价格自然也会降低。另外,新款车型问世挤压旧车型,"老面孔"们身价自然受影响。

(5) 经营的需要 二手车经营者应根据库存车辆的多少提高或降低收购价格。例如,本期库存车辆减少、货源紧张时,应适当提高车辆收购价格,以补充货源保证库存的稳定。反之,库存车辆多时,则应降低收购价格。另外一种情况是,某一车型出现断档情况,该车型的收购价格会提高。如某公司本期二手速腾轿车销售一空,该公司会马上提高速腾车型的收购价格。反之,如果某公司本期二手速腾轿车销路不畅,库存积压显著,那么应降低速腾轿车的收购价格,同时库存速腾轿车的销售价格也会降低。

(6) 品牌知名度和维修服务条件 对不同品牌的二手车,由于其品牌知名度和售后服务的质量不同,也会影响到收购价格的制定。像一汽、上汽、东风、广本等,都是国内颇具实力的企业,其产品具有很高的品牌知名度,技术相对成熟,维修服务体系也很健全,二手车收购定价可以适当提高。

9.1.2 二手车收购定价方法与收购价格的计算

(1) 二手车收购定价的方法 二手车收购价格的确定是根据

其特定的目的,在二手车鉴定估价的基础上,充分考虑市场的供求关系,对评估的价格做快速变现的特殊处理。按不同的原则,一般有以下几种定价方法。

❶ 以现行市价法、重置成本法的思想方法确定收购价格。由现行市价法、重置成本法对二手车进行鉴定估算产生的客观价格,再根据快速变现原则,估定一个折扣率并以此确定二手车收购价格。如运用重置成本法估算某机动车辆价值为10万元,据市场销售情况调查,估定折扣率为20%可出售,则该车辆收购价格为8万元。

❷ 以清算价格的思想方法确定收购价格。清算价格的特点是企业(或个人)由于破产或其他原因,要求在一定的期限内将车辆变现。在企业清算之日预期出卖车辆可收回的快速变现价格,具体来说主要根据二手车技术状况,运用现行市价法估算其正常价值,再根据处置情况和变现要求,乘以一个折扣率,最后确定评估价格。

小提示

◆以清算价格的思想方法确定收购价格,由于顾客要求快速转卖变现,因此其收购估价大大低于二手车市场成交的同类型车辆的公平市价,一般来说也低于车辆现时状态客观存在的价格。

❸ 以快速折旧的思想方法确定收购价格。根据机动车辆的价值,通过计算折旧额来确定收购价格。年折旧额的计算方法建议采用以下两种:年份数求和法和双倍余额递减折旧法。

(2) 二手车收购价格的计算　二手车收购价格的确定是指在被收购车辆手续齐全的前提下对车辆实体价格的确定。如果所缺失的手续能以货币支出补办,则收购价格应扣除补办手续的货币支出、时间和精力的成本支出,具体采用以下几种方法。

❶ 运用重置成本法对二手车进行鉴定估价,然后根据快速变

现的原则,估定一个折扣率,将被收购车辆的估算价格乘以折扣率,即得二手车的收购价格,用数学式表示为

$$收购价格 = 评估价格 \times 折扣率$$

❷ 运用现行市价法对二手车确定评估价格,再根据上述办法计算收购价格,表达式同上式。

折扣率是指车辆能够当即出售的清算价格与现行市场价格之比值。它的确定是经营者在对市场销售情况充分调查和了解的基础上凭经验而估算的。如某机动车辆运用重置成本法估算价值为3万元,根据市场销售情况调查,估定折扣率为20%可当即出售,则该车辆收购价格为2.4万元。

❸ 运用快速折旧法。首先计算出二手车已使用年数累计折旧额,然后,将重置成本全价减去累计折旧额,再减去车辆需要维修换件的总费用,即得二手车收购价格,用数学式表达为

$$收购价格 = 重置成本全价 - 累计折旧额 - 维修费用$$

重置成本全价一律采用国内现行市场价格作为被收购车辆的重置成本全价。

累计折旧额的计算方法是:先用年份数求和法或双倍余额递减折旧法计算出年折旧额后,再将已使用年限内各年的折旧额汇总累加,即得累计折旧额。

维修费用是指车辆现时状态下,某功能完全丧失,需要维修和换件的费用总支出。

小提示

◆注意:在快速折旧计算时,一般 K_0 值(二手车原值)取机动车的重置成本全价,而不取机动车原值。

9.2 二手车的销售

二手车的销售价格是决定二手车流通企业收入和利润的唯一

因素。因此,企业必须根据成本、需求、竞争及国家方针、政策、法规并运用一定的定价方法和技巧来对其产品制定切实可行的价格政策。

9.2.1 二手车销售定价影响因素

(1)成本因素 二手车流通企业销售定价应分析价格、需求量、成本、销量、利润之间的关系,正确地估算成本,以作为定价的依据。二手车销售定价时应考虑收购车辆的总成本费用,总成本费用由固定成本费用和变动成本费用构成。

(2)供求关系 供求关系表明价格只能围绕价值上下波动,而价值仍然是确定价格水平及其变动的决定性因素,企业在定价决策时,除以产品价值为基础外,还可以自觉运用供求关系来分析和制定产品的价格。

对于二手车来说,其需求弹性较强,即二手车价格的上升(或下降)会引起需求量较大幅度地减少(增加)。因此,我们在对二手车的销售进行定价时,应该把价格定得低一些,薄利多销以达到增加赢利、服务顾客的目的。

(3)竞争状况 为了稳定维持自己的市场份额,二手车的销售定价要考虑本地区同行业竞争对手的价格状况,根据自己的市场地位和定价的目标,选择与竞争对手相同的价格,甚至低于竞争对手的价格进行定价。

(4)国家政策法令 任何国家对物价都有适度的管理,国家可以通过物价部门直接对企业定价进行干预,也可以用一些财政、税收手段对企业定价实行间接影响。

9.2.2 二手车销售定价的目标分析

二手车销售定价的目标是指二手车流通企业通过制定价格水平,凭借价格产生的效用来达到预期目的要求。企业在定价以前,必须根据企业的内部和外部环境,制定出既不违背国家的方针政策,又能协调企业的其他经营目标的价格。企业定价目标类型较多,二手车流通企业要根据自己树立的市场观念和市场微观、宏观环境,确立自己的销售定价目标。

小提示

◆企业定价目标主要有两大类,即获取利润目标和占领市场目标。

(1)获取利润目标 利润是考核和分析二手车流通企业营销工作好坏的一项综合性指标,是二手车流通企业最主要的资金来源。以利润为定价目标有3种具体形式:预期收益、最大利润和合理利润。

(2)占领市场目标 以市场占有率为定价目标是一种志存高远的选择方式。市场占有率是指一定时期内某二手车流通企业的销售量占当地细分市场销售总量的份额。市场占有率高意味着企业的竞争能力较强,说明企业对消费信息把握得较准确、充分,资料表明,企业利润与市场占有率正向相关。提高市场占有率是增加企业利润的有效途径。

9.2.3　二手车销售定价的方法分析

定价方法是二手车流通企业为了在目标市场实现定价目标,给产品制定基本价格和浮动范围的技术思路。由于成本、需求和竞争是影响企业定价的最基本因素,产品成本决定了价格的最低限,产品本身的特点决定了需求状况,从而确定了价格的最高限,竞争者产品与价格又为定价提供了参考的基点,也因此形成了以成本、需求、竞争为导向的3大基本定价思路。

9.2.4　二手车销售定价的策略分析

二手车销售定价策略是指二手车流通企业根据市场中不同变化

因素对二手车价格的影响程度采用不同的定价方法，制定出适合市场变化的二手车销售价格，进而实现定价目标的企业营销战术。

（1）**阶段定价策略**　阶段定价策略就是根据产品寿命周期各阶段不同的市场特征而采用不同的定价目标和对策。

（2）**心理定价策略**　心理定价策略就是在补偿成本的基础上，按不同的需求心理确定价格水平和变价幅度。

（3）**折扣定价策略**　灵活运用价格折扣策略，可以鼓励需求、刺激购买，有利于企业搞活经营，提高经济效益。

9.2.5　二手车销售最终价格的确定

二手车流通企业通过以上程序制定的价格只是基本价格，只确定了价格的范围和变化的途径。为了实现定价目标，二手车流通企业还需要考虑国家的价格政策、用户的要求、产品的性价比、品牌价值及服务水平，应用各种灵活的定价战术对基本价格进行调整，同时将价格策略和其他营销策略结合起来，如针对不同消费心理的心理定价和让利促销的各种折扣定价等，以确定具体的最终价格。

参考文献

[1] 吴兴敏.二手车鉴定与评估.3版.北京：人民邮电出版社，2019.
[2] 赵培全.二手车鉴定评估交易全程通.北京：化学工业出版社，2016.
[3] 明光星.二手车鉴定与评估.北京：中国人民大学出版社，2010.
[4] 林绪东.手把手教你鉴定评估二手车.北京：机械工业出版社，2018.
[5] 刘春晖.二手车鉴定与评估图解.北京：机械工业出版社，2021.